Tratados sobre a fé cristã

Dados Internacionais de Catalogação na Publicação (CIP)
(Câmara Brasileira do Livro, SP, Brasil)

Agostinho, Santo, Bispo de Hipona, 354-430
 Tratados sobre a fé cristã / Agostinho, Santo,
Bispo de Hipona ; tradução de Frei Ary E. Pintarelli. –
Petrópolis, RJ : Vozes, 2025. – (Coleção Vozes de Bolso)

 Título original: Enchiridion ad laurentium, seu
de fide, spe et caritate; De fide et symbolo; De fide
rerum invisibilium e De spiritu et littera.

 ISBN 978-85-326-7028-1

 1. Cristianismo – Filosofia – História
2. Fé (Cristianismo) 3. Fé – Ensino bíblico
4. Teologia cristã I. Série.

24-245272   CDD-230

Índices para catálogo sistemático:
1. Fé cristã : Teologia : Cristianismo   230

Aline Graziele Benitez – Bibliotecária – CRB-1/3129

Santo Agostinho

Tratados sobre a fé cristã

Tradução de Frei Ary E. Pintarelli

Vozes de Bolso

Tradução dos originais em latim intitulados *Enchiridion ad Laurentium, seu de fide, spe et caritate*; *De fide et symbolo*; *De fide rerum invisibilium* e *De spiritu et littera*.

© desta tradução:
2025, Editora Vozes Ltda.
Rua Frei Luís, 100
25689-900 Petrópolis, RJ
www.vozes.com.br
Brasil

Todos os direitos reservados. Nenhuma parte desta obra poderá ser reproduzida ou transmitida por qualquer forma e/ou quaisquer meios (eletrônico ou mecânico, incluindo fotocópia e gravação) ou arquivada em qualquer sistema ou banco de dados sem permissão escrita da editora.

CONSELHO EDITORIAL	**PRODUÇÃO EDITORIAL**
Diretor	Aline L.R. de Barros
Volney J. Berkenbrock	Anna Catharina Miranda
	Eric Parrot
Editores	Jailson Scota
Aline dos Santos Carneiro	Marcelo Telles
Edrian Josué Pasini	Mirela de Oliveira
Marilac Loraine Oleniki	Natália França
Welder Lancieri Marchini	Priscilla A.F. Alves
	Rafael de Oliveira
Conselheiros	Samuel Rezende
Elói Dionísio Piva	Verônica M. Guedes
Francisco Morás	
Teobaldo Heidemann	
Thiago Alexandre Hayakawa	

Secretário executivo
Leonardo A.R.T. dos Santos

Diagramação: Editora Vozes
Revisão gráfica: Alessandra Karl
Capa: Editora Vozes

ISBN 978-85-326-7028-1

Este livro foi composto e impresso pela Editora Vozes Ltda.

Sumário

A fé e o símbolo, 7

A fé nas coisas que não se veem, 41

A fé e as obras, 63

Enquirídio a Lourenço – Sobre a fé, a esperança e a caridade, 135

A FÉ E O SÍMBOLO

Livro único

Motivo e objetivo da presente obra.
1. 1. Foi escrito e confirmado pela vigorosíssima autoridade apostólica que *o justo vive da fé* (Hab 2,4; Gl 3,11), e esta fé exige de nós o esforço tanto do coração quanto da língua, pois o Apóstolo diz: *Com o coração se crê para alcançar a justiça, mas com a boca se faz a confissão para conseguir a salvação* (Rm 10,10). Portanto, convém que nos recordemos tanto da justiça quanto da salvação. Já que somos destinados a reinar numa justiça eterna, não podemos ser salvos da malícia do presente século se não nos esforçarmos também pela salvação dos próximos, professando com a boca a fé que cultivamos com o coração. Com piedosa e prudente vigilância, devemos cuidar que esta fé não seja violada em algum ponto pelas enganadoras espertezas dos hereges. Ora, a fé católica é dada a conhecer aos fiéis no Símbolo e é confiada à sua memória, enquanto a matéria o consente, num texto muito breve, de maneira que os principiantes e os lactantes, isto é, aqueles que há pouco renasceram em Cristo e que ainda não estão robustecidos por uma frequência assídua e espiritual às divinas Escrituras e por seu conhecimento, são postos em condição de crer com a ajuda de poucas fórmulas, que depois deverão ser-lhes expostas com amplos

discursos, assim que progredirem e se dispuserem a compreender a doutrina divina sobre a sólida base da humildade e da caridade. Ora, a maioria dos hereges procurou esconder seu veneno sob as mesmas breves fórmulas contidas no Símbolo; mas a divina misericórdia resistiu às suas tentativas mediante a ação de homens espirituais (cf. 1Cor 2,15), que se tornaram merecedores não só de receber e de crer na fé católica expressa naquelas fórmulas, mas também, graças à revelação de Deus, de compreendê-la e de conhecê-la. Pois, foi escrito: *Se não crerdes, não compreendereis* (Is 7,9, segundo a LXX). Mas o tratado da fé serve para defender o Símbolo; porém, não no sentido de que ela, pelo fato de dever ser compreendida e decorada, seja destinada a tomar o lugar do Símbolo naqueles que recebem a graça de Deus, mas no sentido de poder proteger as verdades contidas no Símbolo contra as ciladas dos hereges com a autoridade da Igreja Católica e com uma defesa mais sólida.

Que nenhuma natureza, da qual fez o mundo, foi coeterna com Deus. Como o mundo foi feito do nada, se foi feito da matéria informe.

2. 2. Ora, alguns procuraram convencer que Deus Pai não é onipotente: não porque ousaram afirmar isso, mas porque em seu ensinamento deram a entender que assim pensam e assim creem. Com efeito, quando dizem que existe uma natureza que Deus onipotente não teria criado, da qual, porém, teria formado este mundo, que concedem ser magnificamente ordenado, desse modo

negam a onipotência de Deus para não crerem que tenha podido criar o mundo a não ser que, para formá-lo, tivesse se servido de outra realidade já existente e que Ele não havia criado. Com isso, naturalmente, seguem o costume carnal de ver ferreiros, construtores e outros artífices, que não podem tornar operativa sua arte sem a ajuda de materiais já prontos. Assim, pensam que o criador do mundo não seja onipotente, já que não teria podido criar o mundo se não tivesse recorrido, como matéria, a uma realidade não criada por Ele. Ou, se concedem que Deus onipotente é o criador do mundo, devem necessariamente admitir que fez do nada aquilo que criou. Pois, dado que é onipotente, não pode existir nada do qual Ele não seja criador. Porque, mesmo que tenha feito algo de outra coisa, como o homem feito de barro, absolutamente não o teria feito daquilo que Ele próprio não tivesse feito, pois a terra da qual proveio o barro a tinha criado do nada. E se tivesse feito o próprio céu e a terra, isto é, o mundo e tudo o que nele existe, formando-o de alguma matéria, como está escrito: *Tu que criaste o mundo de uma matéria invisível* (Sb 11,18), ou informe, como trazem alguns manuscritos, de modo algum deve-se crer que aquela matéria, da qual foi criado o mundo, mesmo que informe, ainda que invisível e seja qual for a sua natureza, tenha podido existir por si mesma, como se fosse coeterna e coexistente com Deus. Ao contrário, sua natureza, seja qual for a condição em que se encontrava para, de algum modo, poder assumir as formas de coisas bem distintas, tinha-a somente enquanto recebida de Deus onipotente, graças ao qual existe não só cada coisa que é formada, mas também cada coisa que pode vir a ser formada. Porém, entre aquilo que é formado e aquilo que pode ser formado existe esta diferença: que o formado já recebeu a forma, e que aquele que pode ser formado pode recebê-la. Mas aquele que garante a forma às coisas é o mesmo que lhes garante a possibilidade de serem formadas, pois dele procede e nele reside a belíssima e imutável forma de todos os seres. Exatamente por isso, Ele é o único que consente a qualquer coisa não só de ser bela, mas também de poder ser tal. Por isso, com toda a justiça, cremos que Deus criou tudo do nada: porque, mesmo que o mundo tenha sido feito de alguma matéria, essa mesma matéria foi criada do nada, de modo que, por um ordenadíssimo dom do Deus, primeiramente ela se tornasse capaz de receber as formas e, depois, fossem formadas todas as coisas que foram feitas. Ora, dissemos isso para que ninguém pense que as afirmações das divinas Escrituras são contraditórias entre si, pois está escrito, tanto que Deus criou todas as coisas do nada quanto que o mundo foi feito de uma matéria informe.

Por que o Verbo é chamado Filho de Deus?

2. 3. Portanto, crendo em Deus Pai onipotente, devemos pensar que não existe nenhuma criatura que não tenha sido criada pelo Onipotente. E porque criou tudo por meio do Verbo e o Verbo é também Verdade (cf. Jo 14,6), Poder e Sabedoria de Deus (cf. 1Cor 1,24), é chamado com muitos outros nomes, que fazem pensar que o Senhor Jesus Cristo, isto é, o nosso libertador e guia, que é proposto à nossa fé, é o Filho de Deus. Com efeito, aquele Verbo por meio do qual todas as coisas foram criadas, não o teria podido gerar senão aquele que criou todas as coisas por meio dele.

3. 3. Cremos também em Jesus Cristo, Filho unigênito de Deus Pai, isto é, único Senhor nosso. Todavia, não devemos entender o Verbo da mesma maneira que as nossas palavras que, uma vez proferidas pela nossa boca mediante a voz, passam pelo ar e não permanecem ali mais do que o tempo que ressoam. Aquele Verbo, porém, permanece imutavelmente, pois, quando se falava da Sabedoria, dele se disse: *Permanecendo em si mesma, renova todas as coisas* (Sb 7,27). Todavia, é dito Verbo de Deus Pai, porque por ele o Pai se manifesta. Portanto, assim como com nossas palavras agimos de maneira que quando dizemos alguma coisa verdadeira o nosso espírito se manifesta a quem nos escuta e qualquer segredo que guardamos no coração, mediante tais sinais, é levado ao conhecimento dos outros, da mesma forma aquela Sabedoria que Deus Pai gerou, porque por seu intermédio são revelados às almas que são dignas os segredos mais íntimos do Pai, de modo totalmente apropriado é chamado de seu Verbo.

Que Verbo é o mesmo que o Pai.

3. 4. Todavia, existe uma grande diferença entre o nosso espírito e as nossas palavras, mediante as quais procuramos mostrar o próprio espírito. Na verdade, nós não geramos as palavras que ressoam, mas as proferimos e ao fazer isso o corpo exerce a função de instrumento. Ora, existe uma grande diferença entre o espírito e o corpo. Deus, porém, ao gerar o Verbo, gerou aquilo que Ele mesmo é; não do nada, nem de alguma matéria já feita e criada, mas de si mesmo aquilo que Ele mesmo é. E isso é o que também nós buscamos fazer quando falamos, se considerarmos atentamente a inclinação da nossa vontade; porém, não quando mentimos, mas quando dizemos a verdade. Afinal, a que outra coisa aspiramos senão transferir nossa própria alma, se fosse possível, para a alma de quem nos ouve, para que a conheça e a observe bem, isto é, agimos de modo que, embora permanecendo em nós mesmos e sem separar-nos de nós, todavia, damos um indício tal que o outro nos conheça e, quanto nos é consentido, por nossa alma seja produzida, por assim dizer, uma outra alma com a qual se revele? Fazemos isso tentando com as palavras, com o som da nossa voz, com a expressão do rosto e com os gestos do corpo; de fato, são muitos os expedientes aos quais recorremos quando desejamos mostrar aquilo que está dentro de nós. Mas, porque não somos capazes de produzir tal efeito e, portanto, o espírito de quem fala não consegue fazer-se conhecer completamente, por isso, em nós está aberta até a porta da mentira. Deus Pai, porém, que queria e podia mostrar-se em toda a sua verdade às almas destinadas a conhecê-lo,

para mostrar a si mesmo gerou um ser que fosse idêntico a si mesmo: e esse ser é também chamado de seu Poder e Sabedoria, porque é por meio dele que fez e dispôs todas as coisas. É por isso que dele se diz: *Ele se estende fortemente de uma extremidade a outra e governa com suavidade todas as coisas* (Sb 8,1).

O Filho de Deus não é feito pelo Pai, nem é menor. Ao criar e fundar é igual.

4. 5. Por isso, o Filho unigênito de Deus não foi feito pelo Pai, porque como diz o Evangelista: *Todas as coisas foram feitas por Ele* (Jo 1,3); nem foi gerado no tempo, porque, sendo eternamente sábio, Deus tem consigo sua eterna sabedoria; nem é desigual ao Pai, isto é, inferior em alguma coisa, porque também o Apóstolo afirma: *Ele, existindo na forma de Deus, não julgou que fosse uma rapina o ser igual a Deus* (Fl 2,6). Desta fé católica, portanto, são excluídos também aqueles que dizem que o Filho é o mesmo que o Pai, porque também o Verbo não poderia estar junto a Deus (cf. Jo 1,1-2) se não estivesse junto a Deus Pai; afinal, quem é só não é igual a ninguém. São excluídos também aqueles que dizem que o Filho é uma criatura, embora não como as outras. Por mais eminente que concebam essa criatura, se é uma criatura, foi produzida e feita. Com efeito, produzir é a mesma coisa que criar, embora na língua latina o costume seja dizer criar em vez de gerar; não é assim na língua grega, onde se distingue. Nós chamamos de criatura aquela que os gregos chamam κάσμα ou κάσιν e, quando queremos expressar-nos de modo claro, não dizemos "criar", mas "produzir".

Portanto, se o Filho é uma criatura, por mais eminente que seja, foi feito. Nós, porém, cremos naquele por meio do qual todas as coisas foram feitas e não naquele por meio do qual foram feitas as outras coisas: nesse caso, de fato, não podemos tomar "todas as coisas" num sentido diferente daquele de "qualquer coisa que foi feita".

Por que o Filho de Deus se fez homem?
4. 6. Mas porque *o Verbo se fez carne e habitou entre nós* (Jo 1,14), a mesma Sabedoria que foi gerada por Deus dignou-se também ser criada entre os homens. A esse fato refere-se a afirmação: *O Senhor me criou no princípio de seus caminhos* (Pv 8,22). Ora, o início de seus caminhos é a cabeça da Igreja, isto é, Cristo, que se revestiu de humanidade, para que, através dele, nos fosse dado um modelo para a nossa vida, isto é, o caminho certo para chegarmos a Deus. Realmente, não poderíamos retornar a não ser pela humildade, já que havíamos caído por causa da soberba, como fora dito a nossas primeiras criaturas: *Comei, e sereis como deuses* (Gn 3,5). Por isso, o exemplo dessa humildade, isto é, do caminho através do qual deveríamos retornar, nosso Redentor dignou-se no-lo mostrar em si mesmo, *ele que não julgou ser uma usurpação o ser igual a Deus, mas aniquilou-se a si mesmo, tomando a condição de servo* (Fl 2,6-7), para que, no princípio de seus caminhos, fosse feito homem o Verbo, pelo qual foram feitas todas as coisas. Por isso, por ser unigênito, não tem irmãos; mas, por ser primogênito, dignou-se chamar irmãos a todos

aqueles que, a seguir e em virtude de sua primogenitura, renascem na graça de Deus que os adota como filhos (cf. Lc 8,21), como recomenda a disciplina apostólica (cf. Hb 2,11). Assim, o Filho é, por sua natureza, o único nascido da mesma substância que o Pai, que é aquilo que é o Pai: Deus de Deus, Luz da Luz. Nós, porém, não somos luz por natureza, mas somos iluminados por essa luz, para que possamos resplandecer de sabedoria. *Ele era* – diz o Apóstolo – *a luz verdadeira que ilumina todo o homem que vem a este mundo* (Jo 1,9). Por isso, à fé nas realidades eternas nós acrescentamos também a vida e a graça temporal que nosso Senhor se dignou sustentar por nós e para a nossa salvação. De fato, por aquilo que é, enquanto é Filho unigênito de Deus, dele não se pode dizer: *Ele foi* ou *Ele será*, mas somente: *Ele é*; porque o que foi, já não é, e o que será ainda não é. Portanto, Ele é imutável, sem origem ou variação no tempo. Contudo, penso que não tenha outra proveniência o fato que sugeriu tal nome a Moisés, seu servo. Com efeito, quando lhe pedia o que devia dizer sobre quem o teria enviado, se o povo a quem fora enviado o acolhesse com desprezo, recebeu esta resposta daquele que lhe estava falando: *Eu sou aquele que sou*; assim, acrescentou: *Isso dirás aos filhos de Israel: Aquele que é enviou-me a vós* (Ex 3,14).

Contra a heresia dos maniqueus.

4. 7. Disso, confio que já tenha ficado claro às almas espirituais que nenhuma natureza é contrária a Deus. Pois se Ele é, e essa palavra só pode ser dita com propriedade de Deus, Ele nada tem que lhe seja contrário. De fato, aquilo que verdadeiramente é, permanece imutável, porque aquilo que muda, foi aquilo que já não é, e será aquilo que ainda não é. Com efeito, se nos perguntarem o que é contrário ao branco, responderemos que é o preto; se perguntarem o que é contrário ao quente, responderemos, o frio; se perguntarem o que é contrário ao veloz, responderemos, o lento; e assim para quaisquer coisas. Mas quando perguntarem o que é contrário ao que é, corretamente responde-se aquilo que não é.

O homem todo foi assumido pelo Verbo.
4. 8. Mas, conforme já disse, por força da benignidade de Deus, a nossa natureza, sujeita a mudanças, foi assumida por aquela Sabedoria imutávelde Deus, mediante uma missão temporal, para a nossa salvação e redenção. Por isso, acrescentamos a fé nos atos salvíficos realizados em nosso favor durante sua vida terrena, crendo no Filho de Deus que nasceu da Virgem Maria por obra do Espírito Santo. Por um dom de Deus, isto é, pelo Espírito Santo, com efeito, foi-nos concedida tamanha humildade da parte de um Deus tão grande, a ponto de dignar-se assumir toda a natureza humana no seio da Virgem: morando no corpo materno, conservando-o íntegro, deixando-o íntegro. De muitos modos, os hereges armam ciladas a esta sua missão temporal. Mas quem se mantiver firme na fé católica, de maneira a crer que toda a natureza humana – quer dizer,

o corpo, a alma e o espírito – foi assumida pelo Verbo de Deus, estará bastante protegido contra eles. Na verdade, já que esta assunção foi realizada para a nossa salvação, é preciso guardar-se de pensar que não entre na nossa salvação se, por acaso, se crer que algum aspecto da nossa natureza não estiver incluído nesta assunção. Ora, excetuada a disposição dos membros, que é indicada de modo diverso às diversas espécies de seres vivos, o homem não difere do animal senão porque possui uma alma racional, que é também chamada de mente. Portanto, como poderia ser sadia uma fé pela qual se crê que a sabedoria de Deus assumiu aquela parte de nós que temos em comum com o animal, enquanto não tenha assumido aquilo que em nós é iluminado pela luz da sabedoria, e que é próprio do homem?

O nascimento de Cristo de uma mulher. Contra os maniqueus.
4. 9. Devem ser igualmente detestáveis aqueles que negam que nosso Senhor Jesus Cristo tenha tido Maria por mãe na terra, já que sua missão honrou ambos os sexos, o masculino e o feminino, pois mostrou que compete a Deus preocupar-se não só com o sexo que assumiu, mas também com aquele por meio do qual o assumiu, tomando a natureza do homem e nascendo de uma mulher. Nem nos obriga a negar a mãe de Cristo aquilo que por Ele foi dito: *Mulher, que isso nos importa a mim e a ti. A minha hora ainda não chegou* (Jo 2,4), isto é, aquela na qual hei de reconhecer-te.

De fato, foi então que, como homem crucificado, reconheceu sua mãe na sua natureza de homem e a confiou de maneira totalmente humana ao seu diletíssimo discípulo (cf. Jo 19,26-27). E não nos preocupe que, quando lhe foram anunciados sua mãe e seus irmãos, respondeu: *Quem é minha mãe ou quem são meus irmãos* etc.? (Mt 12,48). Antes, porém, que Ele nos ensine o nosso ministério, pelo qual oferecemos a palavra de Deus a nossos irmãos, e que não devemos reconhecer os parentes se eles nos impedem de exercê-lo. Porque se alguém julgar que Ele não tenha tido mãe na terra, porque disse: *Quem é minha mãe,* seria também necessário negar que os Apóstolos tenham tido pais nesta terra, porque os instruiu, dizendo: *A ninguém chameis de pai sobre a terra, porque um só é vosso Pai, o que está nos céus* (Mt 23,9).

4. 10. Nem o pensamento das vísceras femininas diminua em nós esta fé, para não parecer que a nosso Senhor dever-se-ia evitar tal geração, por ser considerada desprezível por pessoas insensatas. Afinal, com muita razão, o Apóstolo diz: *O que é loucura em Deus é mais sábio do que os homens* (1Cor 1,25), e, *para os puros, todas as coisas são puras* (Tt 1,15). Aqueles que assim pensam, deveriam, pois, observar os raios deste sol que, certamente, não consideram como uma criatura de Deus, mas que adoram como o próprio Deus: veriam que eles se espalham por toda a parte sobre os maus cheiros das cloacas e sobre qualquer objeto repugnante, agindo segundo sua natureza e sem ser, absolutamente, contaminados, apesar de sua luz visível estar, por sua natureza, em estreita relação com as imundícies visíveis. Com maior razão, portanto, o Verbo de Deus, que não é corpóreo nem visível, não poderia ser contaminado por nascer de um corpo feminino, no qual, com a alma e com o espírito, havia assumido a carne humana, união que, todavia, não impede à majestade divina do Verbo de habitar separado da fragilidade do corpo humano! Disso se manifesta claramente que, de modo algum, o Verbo de Deus teria podido ser manchado pelo corpo humano, pelo qual não foi manchada a própria alma do homem. Com efeito, a alma não é manchada pelo corpo quando o guia e o vivifica, mas quando se abandona ao desejo de seus bens mortais. Portanto, se quiserem evitar as manchas à alma, deveriam temer, antes, estas sacrílegas mentiras.

Paixão e sepultura de Cristo.
5. 11. Mas seria pequena a humildade de nosso Senhor ao nascer: acrescentou ainda que se dignou morrer pelos mortais: *Humilhou-se a si mesmo, fazendo-se obediente até a morte e morte de cruz* (Fl 2,8), para que nenhum de nós, embora pudesse não temer a morte, não tivesse horror a um gênero de morte considerado sumamente desonroso pelos homens. Por isso, nós cremos naquele que foi crucificado e sepultado sob Pôncio Pilatos: com efeito, o nome do juiz devia ser acrescentado para o conhecimento dos tempos. Porém, quando se crê naquela sepultura, evoca-se também aquele monumento totalmente novo, que devia dar o testemunho de sua ressurreição a uma vida

nova, como o seio virginal o havia feito para aquele que nasceria. Pois, assim como naquele monumento nenhum morto havia sido sepultado (cf. Jo 19,4), nem antes nem depois dele, da mesma forma, naquele seio nenhuma criatura mortal fora concebida, nem antes nem depois dele.

A ressurreição de Cristo.

5. 12. Cremos também que ao terceiro dia Ele ressuscitou dos mortos, primogênito que seria seguido pelos irmãos, que Ele adotou como filhos de Deus (cf. Ef 1,5), e se dignou torná-los seus coparticipantes e seus coerdeiros.

Ascensão ao céu.

6. 13. Cremos que subiu ao céu, àquele lugar de beatitude que prometeu também a nós, quando disse: *Eles serão como anjos nos céus* (Mt 22,30), àquela cidade que é a mãe de todos nós, a Jerusalém eterna nos céus (cf. Gl 4,26). Porém, acontece que alguns, ímpios pagãos ou hereges, ofendem-se porque cremos que um corpo terreno tenha sido assumido ao céu. A maioria dos pagãos procura opor-se a nós com os argumentos dos filósofos, sustentando que é impossível que um ser terreno esteja no céu. Mas isso acontece porque não conheceram as nossas Escrituras e não sabem o que foi dito: *É semeado um corpo animal, ressuscitará um corpo espiritual* (1Cor 15,44). De fato, isso não é dito como se o corpo se transformasse em espírito e se fizesse espírito; pois também agora o nosso corpo, que se diz ser animal, não foi mudado em alma e se tornou alma. Mas, por corpo espiritual entende-se um corpo tão sujeito ao espírito que seja conveniente para sua morada celeste não apenas toda a fragilidade e mancha terrena, mas seja mudada e convertida em celeste pureza e estabilidade. Esta é a mudança da qual fala o mesmo Apóstolo: *Todos ressuscitamos, mas não todos seremos mudados* (1Cor 15,51), E esta transformação não acontecerá para pior, mas para melhor, como ensina o Apóstolo, quando diz: *E nós seremos transformados* (1Cor 15,52). Porém, perguntar onde e como estará no céu o corpo do Senhor é uma curiosidade totalmente vã; deve-se somente crer que está no céu. Com efeito, não compete à nossa fragilidade discutir os segredos do céu; mas convém à nossa fé cultivar sentimentos altos e nobres sobre a dignidade do corpo do Senhor.

Sentado à direita do Pai.

7. 14. Cremos também que está sentado à direita do Pai. Todavia, nem por isso devemos imaginar que Deus está como que delimitado por forma humana, de modo que aos que refletem sobre Ele lhes venha à mente um lado direito e um lado esquerdo; ou, porque se diz que o Pai está sentado, julga-se que o faça com os joelhos dobrados, para não cairmos num sacrilégio, condenado pelo Apóstolo naqueles que mudaram a glória do Deus incorruptível pela imagem de um homem corruptível (cf. Rm 1,23). De fato, é coisa ímpia colocar tal imagem de Deus num templo cristão; por isso, muito mais abominável é introduzi-la no coração, pois ali reside o verdadeiro templo de Deus, se estiver purificado das cobiças terrenas e do erro. Portanto, quando se diz "à direita" de Deus deve-se entender na suprema beatitude, onde reinam a justiça, a paz e a alegria; assim como quando se diz que "os cabritos são postos à sua esquerda" (cf. Mt 25,33), deve-se entender na infelicidade, por causa das iniquidades que lhes causaram sofrimentos e tormentos. Portanto, quando se diz que Deus está sentado, não se alude à posição dos membros, mas ao seu poder de juiz, do qual sua majestade nunca tem falta ao distribuir sempre a justa recompensa, embora no juízo final será o Filho unigênito de Deus que aparecerá muito mais manifestamente diante dos homens, no seu irresistível esplendor, na qualidade de juiz dos vivos e dos mortos.

A vinda para o juízo.
8. 15. Cremos ainda que há de vir em tempo muito oportuno e que há de julgar os vivos e os mortos. Com esses termos, pode-se entender os justos e os pecadores, mas são também chamados vivos aqueles que há de encontrar na terra ainda em vida, e mortos, porém, aqueles que ressuscitarão na sua vinda. Esta disposição dos tempos não é somente para o presente, como aconteceu para sua geração enquanto Deus, mas também para o passado e para o futuro. De fato, nosso Senhor esteve na terra, agora está no céu e aparecerá no seu esplendor como juiz dos vivos e dos

mortos. Realmente, retornará assim como subiu ao céu, segundo o autorizado testemunho dos *Atos dos Apóstolos* (cf. At 1,11). Dessa disposição fala-se no Apocalipse, onde está escrito: *Isso diz aquele que é, que era e que há de vir* (Ap 1,8).

A fé no Espírito Santo. O mistério da Trindade.

9. 16. Por isso, expostas e confiadas à nossa fé tanto a geração divina de nosso Senhor quanto a sua missão humana, para tornar perfeita a fé que temos sobre Deus, acrescente-se à nossa profissão o Espírito Santo, que não é de natureza inferior ao Pai e ao Filho, mas, por assim dizer, consubstancial e coeterno, pois esta Trindade é um só Deus: não que o Pai seja o mesmo que o Filho e o Espírito Santo; mas, o Pai é Pai, o Filho é Filho e o Espírito Santo é Espírito Santo. Essa Trindade, porém, é um único Deus, como está escrito: *Ouve, ó Israel, o Senhor nosso Deus é o único Senhor* (Dt 6,4). Todavia, se fôssemos interrogados sobre cada um deles e nos fosse perguntado: O Pai é Deus? Responderíamos: Sim, o Pai é Deus. Se nos for perguntado se o Filho é Deus, responderemos que sim. E se a mesma pergunta nos fosse feita a respeito do Espírito Santo, deveremos responder que não é outra coisa senão Deus. Contudo, devemos cuidar muito para não entender isso no sentido que foi dito dos homens: *Vós sois deuses* (Sl 81,6). De fato, não são deuses por natureza aqueles que foram feitos e criados pelo Pai, por meio do Filho e com o dom do Espírito Santo. É precisamente a Trindade que o Apóstolo nomeia quando diz: *Porque dele, por Ele e para Ele são todas as coisas* (Rm 11,36). Portanto, embora sejamos interrogados sobre cada um deles, responderemos que é Deus aquele sobre o qual a pergunta é feita, quer se trate do Pai, quer do Filho, quer do Espírito Santo; todavia, não devemos pensar que nós adoramos três deuses.

Explica-se por analogias.

9. 17. E não é de admirar que se digam tais coisas da natureza inefável, já que acontece algo semelhante com as coisas que observamos com os olhos do corpo e discernimos mediante os sentidos do corpo. De fato, quando somos interrogados sobre a fonte, não podemos dizer que ela é o rio; como também se formos perguntados sobre o rio, não podemos chamá-lo de fonte; além disso, a água de beber, que vem da fonte ou do rio, não podemos chamá-la de rio, nem de fonte; todavia, chamamos essa Trindade de água e quando somos perguntados sobre cada um dos membros em particular, para cada um respondemos que é água. De fato, se pergunto se existe água na fonte, responde-se que há água; e ainda, se perguntar se no rio existe água, responde-se que não há outra coisa a não ser água. Como também não poderá ser diferente a resposta sobre a água de beber. No entanto, não são três águas, mas uma somente. Sem dúvida, é preciso precaver-se para não pensar a inefável substância da majestade divina da mesma forma que a fonte, visível e corpórea, ou o rio, ou a água deles tirada. Nesses casos, realmente aquela água que num dado momento está na fonte, sai para o rio, sem permanecer em si mesma, e depois, quando tirada do rio ou da fonte, torna-se bebida e não permanece mais no lugar de onde foi tirada. Assim, pode acontecer que a própria água ora designe a fonte, ora o rio, ora a água de beber; quanto à Trindade, dissemos, não pode acontecer que o Pai ora seja o Filho, ora o Espírito Santo. A mesma coisa acontece com a árvore, onde a raiz só pode ser raiz, o tronco não é outra coisa senão tronco e os ramos não podemos chamá-los senão de ramos; e aquilo que chamamos de raiz não pode ser chamado de tronco ou de ramos; nem a madeira que pertence à raiz pode, de algum modo, estar, com alguma mudança, ora na raiz, ora no tronco, ora nos ramos, mas só na raiz. Portanto, permanece a regra do nome, de modo que a raiz seja madeira, o tronco seja madeira e os ramos sejam madeira, sem que se fale de três madeiras, mas somente de uma. Ou, se estas têm alguma diferença, de modo que sem absurdo algum se pode falar de três madeiras, para que também se possa falar de três madeiras por causa da diferença de solidez. Certamente, todos concedem que se de uma fonte podem ser enchidos três copos de água, pode-se falar de três copos, mas não se pode falar de três águas, mas, absolutamente, de uma água; embora quando fores interrogado sobre o conteúdo de cada copo responderás que em cada um existe a água, sem que, nesse caso, tenha havido alguma passagem de um copo para outro, como no caso da fonte para o rio, do qual falamos anteriormente.

Foram propostos exemplos do mundo físico não por causa de sua conformidade com a natureza divina, mas para mostrar que a unidade existe também nas realidades visíveis, de maneira a se compreender que pode acontecer que três objetos, considerados não só individualmente, mas no seu conjunto, sejam chamados com um só e único nome. Portanto, ninguém se maravilhe e considere um absurdo que dizemos Deus Pai, Deus Filho, Deus Espírito Santo, sem entender, porém, que nesta Trindade existam três deuses, mas um só Deus e uma única substância.

Profissão da fé cristã.

9. 18. Na verdade, tanto sobre o Pai, quanto sobre o Filho, dissertaram homens doutos e espirituais em muitos livros, nos quais, quanto é possível que uns homens o façam a outros homens, esforçaram-se por mostrar de que maneira o Pai e o Filho não são um único indivíduo, mas uma só realidade; o que é propriamente o Pai e o que é o Filho: um é aquele que gera, o outro, aquele que é gerado; um não provém do Filho, o outro provém do Pai; um é o princípio do outro e, por isso, é também chamado cabeça de Cristo (cf. 1Cor 11,3), embora também Cristo seja princípio (cf. Jo 8,25, segundo a Vulgata), mas não do Pai, e o outro é sua verdadeira imagem (cf. Cl 1,15), embora em nada diferente e, absolutamente, igual, isto é, sem diferença alguma. Tratam dessas coisas mais amplamente do que, brevemente, o fizemos nós, porque querem explicar a profissão de toda a fé cristã. Por isso enquanto é Filho, recebeu o ser do Pai, embora o Pai não tenha recebido isso do Filho; e enquanto homem, isto é, criatura sujeita a mudança que devia ser mudada para melhor, recebeu a missão temporal por uma inefável misericórdia. Sobre Ele, nas Escrituras, encontram-se muitos textos formulados de modo que induziram ao erro as ímpias mentes dos hereges, mais desejosos de ensinar do que de conhecer, a ponto de julgar que Ele não é igual ao Pai, nem é da mesma substância, como estas passagens: *Porque o Pai é maior do que eu* (Jo 14,28), e: *o homem é a cabeça da mulher, Cristo é a cabeça do homem, mas Deus é a cabeça de Cristo* (1Cor 11,3); e: *Então ainda o mesmo Filho estará sujeito àquele que sujeitou a Ele todas as coisas* (1Cor 15,28); e: *Subo para meu Pai e vosso Pai, meu Deus e vosso Deus* (Jo 20,17), e algumas passagens assim. Mas todos esses textos não foram escritos para significar uma desigualdade de natureza e de substância, para que as seguintes não sejam falsas: *Eu e o Pai somos um* (Jo 10,30); e: *Quem me vê, vê também o Pai* (Jo 14,9); e: *O Verbo era Deus* (Jo 1,1); afinal, não foi feito aquele por meio do qual foram feitas todas as coisas (cf. Jo 1,3); e: *Não considerou rapina o ser igual a Deus* (Fl 2,6), e outros semelhantes. Mas esses textos foram escritos, em parte, para indicar sua condição depois de assumir a natureza humana; por isso, diz-se: *Aniquilou-se a si mesmo* (Fl 2,7), não porque foi mudada aquela Sabedoria, já que ela é, absolutamente, imutável, mas porque quis manifestar-se aos homens de modo tão humilde. Esses textos, pois, em base aos quais os hereges formulam suas calúnias, foram escritos, em parte, para mostrar sua condição, em parte, para indicar que, assim como o Filho deve ao Pai aquilo que é e, certamente, deve a Ele também que é igual e semelhante ao Pai; o Pai, porém, não deve a ninguém aquilo que é.

A opinião de alguns sobre o Espírito Santo: Santidade vem de sancionar.

9. 19. Sobre o Espírito Santo, porém, os doutos e os grandes comentadores das divinas Escrituras ainda não discutiram com tanta amplidão e profundidade, para que se possa facilmente compreender o que lhe é próprio, pelo qual não possamos chamá-lo nem de Filho, nem de Pai, mas somente Espírito Santo; dele não afirmam senão que é dom de Deus, mas de maneira a crermos que Deus não pode dar um dom inferior a si mesmo. Todavia, cuidam para não dizer que o Espírito Santo é gerado pelo Pai como o Filho; realmente, Cristo é único: nem é do Filho como se fosse neto do supremo Pai; nem por isso se pode dizer que aquilo que é não o deva a ninguém, mas o deve ao Pai, do qual tudo procede; isso para não admitirmos dois princípios sem princípio, coisa que é absolutamente falsa e totalmente absurda, e não é de fé católica, mas um erro próprio de alguns hereges. Todavia, alguns ousaram crer que o Espírito Santo é a própria comunhão do Pai e do Filho e, por assim dizer, a divindade, que os Gregos chamam de Θεότητα. E assim, porque o Pai é Deus e o Filho é Deus, a própria divindade, pela qual

eles estão unidos entre si – o Pai enquanto gera o Filho e o Filho enquanto permanece unido ao Pai –, torná-lo-ia igual àquele pelo qual é gerado. Portanto, essa divindade, que eles querem que seja entendida também como o amor e a caridade que um tem pelo outro, dizem que é chamada Espírito Santo. Sustentam essa opinião aduzindo muitos testemunhos das Escrituras, quer aquilo que foi dito: *Porque a caridade de Deus está derramada em nossos corações pelo Espírito Santo, que nos foi dado* (Rm 5,5), quer muitos outros testemunhos desse gênero e, pelo próprio fato de sermos reconciliados com Deus por meio do Espírito Santo, por isso é chamado também de dom de Deus, eles exigem como definição adequada que a caridade de Deus é o Espírito Santo. Com efeito, não somos reconciliados com Ele a não ser por meio do amor, graças ao qual somos chamados também filhos de Deus (cf. 1Jo 3,1): já não estamos sob o temor como os escravos, porque o amor-perfeito lança fora o temor (cf. 1Jo 4,18); e recebemos o Espírito da liberdade, no qual clamamos: *Abba, Pai* (Rm 8,15). E porque reconciliados e readmitidos à amizade pela caridade (cf. Rm 5,8-10), podemos conhecer todos os segredos de Deus e, por isso, do Espírito Santo é dito: *Ele vos guiará para a verdade integral* (Jo 16,13). Por isso, a firmeza em pregar a verdade, da qual os Apóstolos foram enchidos na vinda do Espírito Santo (cf. At 2,4), é justamente atribuída à caridade; de fato, a desconfiança provém do temor, que a consumação da caridade exclui. E, por isso, é chamado dom de Deus (cf. Ef 3,7), porque ninguém pode gozar daquilo que conhece se também não o ama. Ora, gozar da sabedoria de Deus nada mais é do que estar unido a Ele pelo amor: e alguém não permanece naquilo que percebe a não ser pelo amor; e, por isso, o Espírito é chamado Santo, porque tudo que é sancionado o é de modo irrevogável, e não há dúvida de que o termo "santidade" deriva de sancionar. Os que sustentam essa opinião servem-se, sobretudo, da passagem em que está escrito: *O que nasceu da carne, é carne, e o que nasceu do Espírito, é espírito* (Jo 3,6), *porque Deus é Espírito* (Jo 4,24). De fato, aqui é afirmada a nossa regeneração, que não provém da carne segundo Adão, mas do Espírito Santo segundo Cristo. Por esse motivo, já que na citada passagem faz-se menção explícita do Espírito Santo, enquanto é dito: *Porque Deus é Espírito*, aqueles doutos fazem observar que não é dito, *porque o Espírito é Deus*, mas, *porque Deus é Espírito*, para que a própria divindade do Pai e do Filho neste lugar seja chamada Deus, que é o Espírito Santo. Aqui aparece outro testemunho, apresentado pelo Apóstolo João: *Porque Deus é amor* (1Jo 4,16). Ora, também neste caso não se diz: *o amor é Deus;* mas: *Deus é amor*, para que se compreenda que a própria divindade é amor. E que, naquela enumeração de textos conexos entre si, onde se diz: *Tudo é vosso, mas vós sois de Cristo e Cristo é de Deus* (1Cor 3,22-23), e ainda: *O homem é cabeça da mulher, Cristo é cabeça do homem, Deus é cabeça de Cristo* (1Cor 11,3), não se faz menção alguma do Espírito Santo. Mas isso depende, dizem os doutos, do fato que, naqueles textos, que também são conexos entre si, não se costuma enumerar o elemento que faz a conexão. Por isso, parece que os leitores mais atentos reconhecem uma indicação da própria Trindade também na passagem em que é dito: *Porque dele, por Ele e para Ele são todas as coisas* (Rm 11,36): *dele*, como daquele que a ninguém deve o que é; *por Ele*, como para indicar um mediador; *para Ele*, como para lembrar aquele que os contém, isto é, que os une a si.

O que é a própria divindade do Pai, do Filho e do Espírito Santo.

9. 20. A esta concepção opõem-se aqueles que julgam que esta comunhão, chamada tanto de divindade como de amor e caridade, não é do tipo substancial; mas pedem que o Espírito Santo lhes seja exposto segundo a substância, e não compreendem que não se teria podido dizer *Deus é amor*, se o amor não fosse uma substância. Certamente, são guiados por aquilo que costuma acontecer com as realidades corporais; porque, se dois corpos estão unidos de forma que estejam mutuamente um ao lado do outro, a própria união não é um corpo, porque, uma vez que os corpos que estavam unidos são separados, não resta nada, nem se compreende como os corpos em questão, por assim dizer, tenham-se separado e afastado. Esses, porém, quanto puderem, deveriam purificar seu coração, para conseguirem ver que na substância de Deus não existe nada semelhante, como se nele uma coisa seja substância e outra aquilo que se acrescenta à substância e não é substância, mas, tudo que ali se possa compreender, é substância. Realmente, isso pode ser dito e acreditado com facilidade; de fato, porém, simplesmente não se pode ver como as coisas são, se não se tiver um coração puro. Por isso, quer seja esta ou outra a concepção verdadeira, é preciso manter firme a fé, de modo que se possa dizer que o Pai é Deus, o Filho é Deus, o Espírito Santo é Deus, e que não são três deuses, mas que esta Trindade é um só Deus, que não são diferentes por natureza, mas são da mesma substância, nem que o Pai ora é o Filho e ora o Espírito Santo, mas que o Pai é sempre Pai, o Filho é sempre o Filho e o Espírito Santo é sempre o Espírito Santo. Além disso, sobre as coisas invisíveis, não façamos afirmações temerárias como pessoas que sabem, façamo-las, antes, como crentes, pois não podem ser vistas senão com o coração purificado e aquele que vê nesta vida, como se disse, em parte e em enigma (cf. 1Cor 13,12), não pode fazer que veja aquele com quem fala se for impedido pela impureza do coração. *Bem-aventurados os puros de coração, porque eles verão a Deus* (Mt 5,8). Esta é a fé em Deus, nosso criador e nosso renovador.

9. 21. Mas porque quando foi dito: *Amarás o Senhor teu Deus com todo o teu coração, com toda a tua alma, com todas as tuas forças* (Lc 10,27), não nos foi ordenado que amássemos somente a Deus, mas também o próximo, porque disse: *Amarás o próximo como a ti mesmo* (idem), se esta fé não compreender também uma assembleia e uma sociedade dos homens na qual a caridade fraterna possa operar, ela será menos frutuosa.

A Igreja Católica.

10. 21. Cremos também na santa Igreja, sem dúvida, na católica. Ora, também os hereges e os cismáticos chamam suas assembleias de igrejas. Mas os hereges, já que têm ideias falsas sobre Deus, violam a própria fé; os cismáticos, porém, com suas iníquas separações rompem com a caridade fraterna, embora creiam nas verdades que nós cremos. Por isso, nem os hereges pertencem à Igreja Católica, pois esta ama a Deus; nem os cismáticos, porque ela ama o próximo. E, assim, perdoa facilmente os pecados do próximo, porque implora para si o perdão daquele que nos reconciliou consigo, apagando todas as culpas passadas e chamando-nos a uma vida nova; e até não possuirmos perfeitamente essa vida, não podemos estar sem pecados; todavia, é importante saber quais são.

Remissão dos pecados.

10. 22. Mas, não é hora de tratar da diferença entre os pecados; antes, é absolutamente necessário crer que, de maneira alguma, nos serão perdoados os pecados se tivermos sido inflexíveis em conceder perdão aos outros (cf. Mt 6,15). Por isso, cremos também na remissão dos pecados.

A mudança para melhor do homem todo a se realizar na ressurreição. A ressurreição da carne.

10. 23. E porque são três os elementos dos quais o homem é constituído, o espírito, a alma e o corpo, diz-se, também, que são dois, porque muitas vezes a alma é nomeada junto com o espírito; mas, a sua parte racional, da qual os animais são privados, chama-se espírito, e, para nós, este é o principal; depois, a vida pela qual somos unidos ao corpo, chama-se alma; por fim, como último elemento nosso, vem o próprio corpo, porque é visível. Ora, toda esta criatura geme e está como que com dores de parto até agora (cf. Rm 8,22). O espírito, porém, já deu as primícias, porque acreditou em Deus e porque é de boa vontade. Esse espírito é também chamado de mente, da qual o Apóstolo diz: *Pela mente sirvo à lei de Deus* (Rm 7,25). Ou ainda, em outro lugar diz: *O Deus, a quem sirvo em meu espírito, é minha testemunha* (Rm 1,9). A alma, porém, enquanto ainda deseja os bens carnais, é chamada de carne. Ora, uma parte dela resiste ao espírito, não por natureza, mas pelo hábito que tem com os pecados. Daí que é dito: *Pela mente sirvo à lei de Deus e pela carne sirvo à lei do pecado* (Rm 7,25). Este hábito transformou-se, então, numa tendência natural após a geração mortal que devemos ao pecado do primeiro homem. Por isso, está escrito: *Também nós, outrora, fomos, por natureza, filhos da ira* (Ef 2,3), isto é, da vingança, que nos fez servir à lei do pecado. A alma, porém, conserva sua natureza perfeita quando se submete ao seu espírito e o segue como ele segue a Deus. Por isso, *o homem animal não percebe as coisas que são do Espírito de Deus* (1Cor 2,14). Mas a alma não se submete tão rapidamente ao espírito para uma boa ação como o espírito se submete a Deus para a verdadeira fé e para a boa vontade: por vezes, porém, é tardiamente freado no seu impulso pelo qual se perde nos laços carnais e temporais. Mas, quando também ela se purifica, readquirindo a estabilidade da própria natureza sob o domínio do espírito, que é como que sua cabeça, como Cristo é cabeça para ele, não se deve desesperar que também o corpo seja restituído à própria natureza; mas, na verdade, não tão rapidamente quanto a alma, e esta não tão rapidamente quanto o espírito, mas no tempo oportuno, isto é, ao som da última trombeta, *quando os mortos ressuscitarão incorruptíveis e nós seremos mudados* (1Cor 15,52). E por isso, cremos também na ressurreição da carne: não somente porque será renovada a alma, que agora, por efeito dos apetites carnais, é chamada de "carne", mas também porque esta carne visível, que é isso por natureza e da qual a alma tomou o nome não por sua natureza, mas pelos apetites carnais, esta carne visível, pois, que é propriamente chamada carne, deve-se crer que ressurgirá. Com efeito, parece que o Apóstolo Paulo a mostre com o dedo, quando diz: *Realmente, é necessário que este corpo corruptível se vista de incorruptibilidade*. E quando diz "este" é como se apontasse o dedo para ele. Na verdade, o que é visível, pode ser mostrado com o dedo. Porque, também a alma poderia ser dita corruptível, pois se corrompe pelo efeito de seus maus costumes. *Importa que este corpo corruptível se revista da imortalidade* (1Cor 15,53), ao ler estas palavras faz-se referência à mesma carne visível, porque é como se o dedo do Apóstolo fosse logo estendido para ela. Afinal, como pode ser considerada corruptível por causa de seus maus costumes, pelo mesmo motivo, a alma pode também ser considerada mortal. Por certo, a morte da alma consiste no seu afastamento de Deus (cf. Ecl 10,12): e este, segundo as sagradas Escrituras, foi seu primeiro pecado no paraíso.

Confirma-se a verdade da ressurreição futura.

10. 24. Portanto, segundo a fé cristã, que não pode levar a engano, o corpo ressurgirá. E se a alguém isso parecer incrível significa que põe atenção na condição atual da carne e não considera a futura, porque, no tempo da transformação angélica, ela já não será carne e sangue, mas somente corpo. Ora, ao falar da carne, o Apóstolo diz: *Uma é a carne dos animais, outra das aves, outra dos peixes, outra das serpentes; há corpos celestes e corpos terrestres* (1Cor 15,39-40). Ora, não disse: "carne celeste" mas disse: "corpos celestes e corpos terrestres". Afinal, toda a carne é também corpo, mas nem todo o corpo é também carne. Vê-se isso, primeiramente, nas realidades terrestres, porque madeira é corpo, mas não é carne. No homem e no animal, porém, tanto é corpo como é carne; nas realidades celestes, porém, simplesmente não existe carne, mas corpos simples e brilhantes, que o Apóstolo chama de espirituais e que outros chamam de etéreos. Nem por isso contradiz ressurreição da carne aquilo que diz: *A carne e o sangue não podem possuir o reino de Deus* (1Cor 15,50), mas preanuncia qual será o futuro daquilo que agora é carne e sangue. Quem não crer que esta carne possa transformar-se em tal natureza, deverá ser conduzido à fé por degraus. Mas, se lhe perguntares se a terra pode transformar-se em água, dada a proximidade que existe entre os dois elementos, a coisa não lhe parecerá incrível; e ainda, se lhe perguntares se a água pode transformar-se em ar, responderá que nem isso é absurdo, pois se trata de elementos próximos. E se perguntares se o ar pode transformar-se num corpo etéreo, isto é, celeste, será a mesma proximidade entre os elementos que há de induzi-lo a concordar. Portanto, se por degraus concede que possa acontecer que a terra se transforme num corpo etéreo, por que não deveria crer que, com a participação da vontade de Deus, pela qual um corpo humano pode caminhar sobre as águas, esta transformação pode acontecer muito rapidamente, *num abrir e fechar de olhos*, como está escrito (1Cor 15,52), sem qualquer dos tais degraus, da mesma maneira pela qual, em geral, a fumaça se transforma em chama com extraordinária rapidez? Ora, a nossa carne, certamente, vem da terra; mas os filósofos, cujos argumentos são, com muita frequência, usados para opor-se à ressurreição da carne, enquanto afirmam que não pode existir nenhum corpo terreno no céu, admitem que qualquer corpo pode transformar-se e mudar em qualquer outra coisa. Uma vez acontecida esta ressurreição do corpo, nós, livres da condição do tempo, gozaremos de uma vida eterna, numa caridade inefável e numa estabilidade duradoura. Então, acontecerá o que está escrito: *A morte foi tragada pela vitória. Onde está, ó morte, a tua vitória? Onde está, ó morte, o teu aguilhão?* (1Cor 15,5-55).

10. 25. Esta é a fé que, em poucas palavras, é oferecida no Símbolo aos novos cristãos para que a observem. Essas poucas palavras são apresentadas aos fiéis, para que, crendo, se submetam a Deus, submissos a Ele vivam corretamente, vivendo corretamente purifiquem seu coração e, uma vez purificado o coração, compreendam aquilo em que creem.

A FÉ NAS COISAS QUE NÃO SE VEEM

Livro único

Também nas coisas humanas crer em muitas que não se percebem com os olhos.
1. 1. Existem aqueles que pensam que se deve rir da religião cristã em vez de aceitá-la, porque nela não se apresentam as coisas que se veem, mas se exige dos homens a fé nas coisas que não se veem. Por isso, para refutar aqueles que consideram prudente não querer acreditar naquilo que não podemos ver, nós, embora não consigamos mostrar aos olhos humanos as coisas divinas nas quais cremos, mostramos às mentes humanas que se deve crer também nas coisas que não se veem. Em primeiro lugar, àqueles que a insensatez tornou tão escravos dos olhos carnais que julgam não dever crer naquilo que não percebem pelos olhos, devem ser recordadas tantas coisas nas quais não só creem, mas também conhecem, e que não podem ser vistas com tais olhos. Já que são inumeráveis as coisas no nosso próprio espírito, que é invisível por natureza, para não falar de outras coisas, a própria fé pela qual cremos, ou, o pensamento pelo qual sabemos crer ou não crer em alguma coisa, não tem relação alguma com a visão desses olhos; no entanto, o que existe de mais óbvio, mais claro, mais certo do que as visões interiores dos espíritos? Portanto, como não devemos crer no que não podemos ver com

os olhos corporais, quando, sem dúvida alguma, vemos que cremos ou não cremos, embora não possamos servir-nos dos olhos do corpo?

Não se vê a boa vontade do amigo, mas acredita-se nela.

1. 2. Mas, dizem, para que possamos perceber pelo próprio espírito as coisas que estão no espírito, não temos necessidade de conhecê-las com os olhos do corpo: mas as coisas que dizeis que devemos crer, não as mostrais exteriormente, para que as conheçamos com os olhos do corpo, nem estão interiormente no nosso espírito, para que as vejamos com o pensamento. Assim, dizem estas coisas como se a alguém fosse ordenado crer, e já pudesse ser apresentado diante de si aquilo em que se acredita. Por isso, realmente, devemos crer também em algumas realidades temporais que não vemos, para merecermos ver também as eternas nas quais cremos. Mas, quem quer que sejas, que não queres crer senão naquilo que vês, eis que vês com os olhos do corpo os corpos presentes e com o espírito vês as tuas vontades e pensamentos presentes porque estão no teu espírito; então, dize-me, peço-te, com que olhos vês a boa vontade que teu amigo tem por ti? Afinal, nenhuma vontade pode ser vista pelos olhos do corpo. Ou será que também vês pelo teu espírito aquilo que acontece no espírito do outro? Mas, se não vês, como retribuis a boa vontade amiga se não crês naquilo que não podes ver? Ou, talvez, hás de dizer que tu vês a vontade do outro pelas suas obras. Então, verás fatos e ouvirás palavras, mas, quanto

à vontade do amigo, hás de crer que não pode ser vista nem ouvida. Ora, aquela vontade não é nem uma cor ou uma figura que se imponha aos olhos, não é um som ou uma cantilena que penetre pelos ouvidos e não é uma disposição tua que seja percebida por um movimento do teu coração. Por isso, resta que creias naquilo que não é visto, nem ouvido, nem percebido dentro de ti mesmo, para que tua vida não permaneça vazia, sem amizade alguma, e para que o amor que tens recebido seja, por tua vez, por ti retribuído. Onde está, pois, aquilo que dizias, isto é, que não deves crer senão naquilo que vês externamente pelo corpo, ou internamente pelo coração? Ora, a partir do teu coração, crês num coração que não é teu e, para onde não diriges o olhar da carne e da mente, pões a tua fé. Tu distingues a face do teu amigo com teu corpo, e com teu espírito distingues a tua fé: mas tu não podes amar a fé do amigo se, por tua vez, não tens em ti aquela fé com a qual crês naquilo que nele não vês. Embora o homem possa também enganar, fingindo benevolência ou escondendo a malícia, ou, se não tem a intenção de prejudicar, esperando alguma vantagem de tua parte, ao menos pode simular, porque não tem amor.

Também a benevolência do amigo provado não consta sem alguma fé.

1. 3. Mas tu dizes que crês no amigo, cujo coração não podes ver, porque o provaste nas tuas dificuldades e conheceste sua disposição de espírito para contigo por ocasião dos teus perigos, quando não te abandonou. Portanto, talvez, para se provar a caridade dos amigos por nós, na tua opinião, devamos desejar-nos desgraças? E ninguém experimentará a felicidade que provém dos amigos fidelíssimos, a não ser que seja infeliz nas adversidades, ou seja, jamais poderá gozar do amor manifesto do outro, a não ser que tenha sido atormentado pela própria dor ou temor. E então, como se pode desejar, e não antes temer, aquela felicidade que se experimenta em ter verdadeiros amigos, quando só a infelicidade pode torná-la certa? E, todavia, é certo que se pode ter um amigo também na prosperidade, embora seja na adversidade que temos a prova mais certa.

Acreditas nos amigos antes mesmo de prová-los.
2. 3. Certamente, porém, para pô-lo à prova, tu não te aproximarias dos teus perigos, se não acreditasses. Por isso, quando te aproximas para prová-lo, tu crês antes de ter a prova. Pois, certamente, se não devemos crer nas coisas que não são vistas, já que cremos nos corações dos amigos também quando ainda não temos provas certas, e já que também quando, à custa de nossos males, temos provas de que são bons, mesmo assim, mais do que ver, cremos na sua benevolência para conosco; tudo isso acontece somente porque em nós existe tamanha fé que, de maneira totalmente consequente, pensamos ver, por assim dizer, com seus olhos aquilo em que cremos. E devemos crer, precisamente, porque não podemos ver.

**Subtraída a fé nas coisas humanas,
que confusão horrenda resultaria.**

2. 4. Se esta fé fosse eliminada das relações humanas, quem não perceberia quanta perturbação haveria nelas e que horrenda confusão isso causaria? Se não devo crer naquilo que não vejo, quem seria amado com mútua caridade, já que o próprio amor é invisível? Por isso, toda a amizade pereceria, pois ela consiste precisamente no amor recíproco. Afinal, que amor poder-se-á receber de alguém se, simplesmente, não se crer que de fato tinha sido oferecido? Realmente, com o fim da amizade não se conservarão no espírito nem os vínculos matrimoniais, nem os de consanguinidade, nem os de afinidade, porque também neles existe, por certo, um sentimento baseado na amizade. Portanto, um cônjuge não poderá amar mutuamente o outro cônjuge quando, não podendo ver o amor como tal, um não crer que é amado pelo outro. Nem desejarão ter filhos, pois não creem que serão correspondidos por eles. E estes, se nascerem e crescerem, muito menos amarão seus pais, pois não verão em seus corações o amor a eles, dado que o amor é invisível; naturalmente, porém, não se amarão se não crerem com fé louvável, mas com temeridade culpável, nas coisas que não se veem. Que direi, então de outros laços familiares, de irmãos e de irmãs, de genros e sogros, entre pessoas unidas por qualquer grau de consanguinidade e de afinidade, se o amor é incerto e a vontade, suspeita, tanto da parte dos pais para com os filhos quanto da parte dos filhos para com seus pais e, portanto, até que a devida benevolência não for retribuída, pois

ela não é considerada devida quando não sendo vista não se crê que exista no outro? Por outro lado, se essa cautela pela qual não cremos que possamos ser amados, se não é engenhosa é, ao menos, odiosa pelo fato de não vermos o amor de quem nos ama e, portanto, por nossa vez, não retribuímos o amor àqueles que julgamos não ter o dever de retribuir. Por isso, se não cremos naquilo que não vemos, as relações humanas ficariam perturbadas a ponto de serem destruídas até os fundamentos, se não crermos em nenhuma vontade dos homens que, certamente, não podemos ver. Omito falar de tantas coisas que estes, que nos repreendem porque cremos nas coisas que não vemos, creem nas famas da história ou dos lugares nos quais jamais estiveram; e não digam: Não cremos porque não vimos. Porque se dissessem isso seriam obrigados a confessar que não têm nenhuma certeza sobre a identidade de seus pais, porque também neste caso creram naquilo que outros lhes contaram, mesmo sem a capacidade de comprová-lo, pois já está no passado; e mesmo não conservando nenhuma lembrança do seu nascimento, todavia, deram o pleno consentimento àqueles que depois lhes falaram disso. Se assim não fosse, inevitavelmente, incorreriam numa ímpia falta de respeito com seus pais no exato momento em que se busca evitar a temeridade de crer nas coisas que não se podem ver.

Indícios que confirmam a fé.

3. 4. Portanto, se não crermos naquilo que não podemos ver, cairá a própria sociedade humana, porque viria a faltar a concórdia: tanto mais, então, é necessária a fé nas coisas divinas, embora sejam realidades que não se veem. Se não lhes dermos fé, seria violada não só a amizade de um homem qualquer, mas a própria suprema religião, do que resultaria a suma infelicidade.

3. 5. Mas tu dirás: Ainda que eu não possa ver a benevolência que um homem amigo tem por mim, posso, ao menos, percebê-la através de muitos indícios; vós, porém, que quereis que acreditemos em coisas não vistas, não podeis mostrá-las por nenhum indício. Entretanto, não é pouco que tu concedas que convém crer em algumas coisas, mesmo que não se vejam, quando se está em presença de alguns indícios; assim também se estabelece que nem todas as coisas que não se veem não devem ser acreditadas; e assim, cai por terra, complemente rejeitado e convicto, o pressuposto que diz não devermos crer naquilo que não vemos. Contudo, erram muito os que pensavam que nós cremos em Cristo sem nenhum indício sobre Cristo. Afinal, que indícios são mais claros do que as coisas que agora constatamos e que foram preditas e realizadas? Portanto, vós que julgais não existir nenhum indício para que devais crer em Cristo nas coisas que não são vistas, considerai aquelas que vedes. A própria Igreja vos conforta com palavras de materno amor: *Eu, que, maravilhados, vedes frutificar e crescer por todo o mundo* (cf. Cl 1,6), não fui sempre assim como me vedes. Mas *na tua descendência serão abençoadas todas as nações* (Gn 22,18). Quando abençoava Abraão, prometia a mim: de fato, eu me difundo
por todas as nações pela bênção de Cristo.

Que Cristo é a descendência de Abraão (cf. Gl 3,16) atesta-o a ordem de sucessão das gerações. Para resumir brevemente, Abraão gerou Isaac, Isaac gerou Jacó, Jacó gerou doze filhos, dos quais brotou o povo de Israel. Realmente, o próprio Jacó é chamado de Israel. Entre esses doze filhos, Jacó gerou Judas, donde vem o nome de Judeus, dos quais nasceu a virgem Maria, que deu à luz o Cristo (cf. Mt 1,1-16). E eis, em Cristo, isto é, na descendência de Abraão, vedes que são abençoadas todas as gerações, e ficais admirados e ainda hesitais em crer nele, no qual antes deveríeis temer de não crer! Duvidais ou recusais crer no parto de uma virgem, quando mais deveríeis crer que assim era conveniente que nascesse o homem Deus? Pois sabei que também isso foi predito pelo Profeta: *Eis que uma virgem conceberá e dará à luz um filho, e seu nome será Emanuel, que significa, Deus conosco* (Is 7,14). Não duvidareis, portanto, que uma virgem possa dar à luz, se quiserdes crer num Deus que nasce e, sem deixar de governar o mundo, vem entre os homens em carne; e que possa conceder a fecundidade à mãe, sem tirar-lhe a integridade virginal. Assim, era conveniente que nascesse como homem, mesmo permanecendo sempre Deus, porque nascendo tornar-se-ia Deus para nós. Por isso, dele diz novamente o Profeta: *O teu trono, ó Deus, subsistirá por todos os séculos; o cetro do teu reino é cetro de retidão. Amaste a justiça e odiaste a iniquidade; por isso o teu Deus te ungirá, ó Deus, com o óleo da alegria, de preferência aos teus companheiros* (Sl 44,7-8). Esta é a unção espiritual com a qual Deus ungiu a Deus, isto é, o Pai ungiu o Filho, donde sabemos que Cristo toma o nome da crisma, isto é, a unção. Eu sou a Igreja da qual se fala naquele mesmo salmo, preanunciando como já acontecido aquilo que devia acontecer: *A rainha está à tua direita, vestida com um manto de ouro de várias cores* (Sl 44,10), isto é, no sacramento da sabedoria, adornada na variedade das línguas. Ali me é dito: *Escuta, ó filha, vê e inclina teu ouvido; esquece teu povo e a casa de teu pai, o rei se apaixonou pela tua beleza, ele é o Senhor teu Deus. E as filhas de Tiro com dádivas apresentar-te-ão suas humildes súplicas, e todos os ricos do povo suplicarão teu favor. Toda a glória da filha do rei está no seu interior, tecido de ouro é o seu vestido. Vestida de vários adornos é levada ao rei; virgens a seguem, suas companheiras formam o seu séquito. Serão conduzidas com alegria e com regozijo, conduzi-las-ão ao templo do rei. Em lugar dos teus pais nascer-te-ão filhos; estabelecê-los-ás príncipes sobre toda a terra. Celebrarão o teu nome de geração em geração. Por isso, os povos te louvarão eternamente e pelos séculos* (Sl 44,11-18).

Cumpridas as profecias sobre a Igreja.
3. 6. Se não vedes esta rainha, hoje já fecunda de prole real. Se aquela a quem foi dito: *Escuta, ó filha, e vê*, não visse realizada a promessa ouvida. Se aquela a quem foi dito: *Esquece o teu povo e a casa de teu pai*, não tivesse abandonado os antigos costumes do mundo. Se aquela a quem foi dito: *O rei se apaixonou pela tua beleza*, pois Ele é o Senhor teu Deus, não reconhecesse em

toda a parte que Cristo é Senhor. Se não visse que as cidades elevam preces a Cristo e oferecem dons a Ele, de quem foi dito: *Diante dele prostar-se-ão as filhas de Tiro* com dons. Se também os ricos não depusessem a sua soberba e não suplicassem a ajuda da Igreja, a quem foi dito: *Todos os ricos do povo suplicarão o teu favor*. Se não reconhecesse a filha do rei, à qual foi ordenado dizer: *Pai nosso, que estais no céu* (Mt 6,9); e se aquela da qual foi dito: *Toda a glória da filha do rei está no seu interior*, não se renovasse dia após dia no íntimo (cf. 2Cor 4,16) através de seus santos, embora atinja refulgindo também os olhos de gente estranha com a fama de seus pregadores, que se exprimem em diversas línguas, comparados às franjas douradas de um vestido de várias cores. Se, depois que o bom perfume a tornou famosa em todos os lugares, jovens virgens não fossem conduzidas a Cristo para serem consagradas a Ele, do qual e ao qual se diz: *As virgens, com seu séquito serão conduzidas ao rei, a ti serão conduzidas as suas companheiras*; e, para não parecer que foram conduzidas como prisioneiras para um cárcere, diz: *Serão conduzidas com alegria e com regozijo*, serão conduzidas para o templo do rei. Se ela não desse à luz filhos, aos quais ter como pais, de modo a fazê-los governadores, ela à qual se diz: *Em lugar dos teus pais nascer-te--ão filhos, e os estabelecerás príncipes sobre toda a terra*; ela, mãe, soberana e súdita ao mesmo tempo, que confia nas suas orações, pelo que foi acrescentado: *Recordar-se-ão do teu nome de geração em geração*.

Se, pela pregação desses padres, na qual seu nome foi recordado sem interrupção, também grandes multidões não se reunissem nela e, incessantemente, não lhe rendessem seu louvor, cada um na sua língua, para a glória daquela à qual se diz: *Por isso, os povos te louvarão eternamente e pelos séculos dos séculos* (Sl 44,11-18).

Para crer nas coisas que não vemos, devem permanecer aquelas que agora vemos cumpridas.

4. 6. Se estas coisas não se revelassem tão evidentes que os olhos dos inimigos não encontram para onde se voltarem a fim de evitar que sejam feridos por tal evidência e de serem por ela constrangidos a admiti-las claramente, então, talvez, com razão poderíeis dizer que não vos são mostrados indícios claros pelos quais, uma vez vistos, possais crer também nas coisas que não vedes. Mas se estas coisas que vedes foram preditas muito tempo antes e se realizaram com tanta clareza; se a própria verdade se mostra a vós, quer com seus efeitos antecedentes, quer com aqueles se seguiram, para que creiais naquilo que não vedes, ó restos de infidelidade, envergonhai-vos por aquelas que vedes.

4. 7. Olhai para mim, diz-vos a Igreja; olhai para mim que estais vendo, mesmo se não quereis ver. Afinal, aqueles que naqueles tempos, na terra da Judeia, foram fiéis, conheceram diretamente como realidades presentes o maravilhoso nascimento de Cristo de uma virgem, sua paixão, ressurreição, ascensão e todas as coisas divinas por Ele ditas e feitas. Tudo isso, vós não vistes e, por isso, vos recusais a crer. Portanto, olhai para estas coisas, prestai atenção a elas, pensai nas coisas que vedes, que não vos são narradas como fatos do passado, que não vos são preanunciadas como eventos do futuro, mas vos são mostradas como realidades do presente. Parece-vos coisa vã ou insignificante e considerais que seja um nada ou pouca coisa o milagre divino que em nome de um crucificado acorre todo o gênero humano? Não vistes aquilo que foi predito sobre a humana natividade de Cristo: *Eis que uma virgem conceberá e dará à luz um filho* (Is 7,14); mas vedes realizado aquilo que a palavra de Deus predisse a Abraão: *Na tua descendência serão abençoadas todas as nações* (Gn 22,18). Não vistes aquilo que foi predito sobre as maravilhas de Cristo: *Vinde e vede as obras do Senhor, as maravilhas que operou na terra* (Sl 45,9): mas vedes aquilo que foi predito: *O Senhor me disse: Tu és meu filho, hoje eu te gerei; pede-me e eu te darei as nações em herança e estenderei teu domínio até as extremidades da terra* (Sl 2,7-8). Não vistes aquilo que foi predito e se cumpriu sobre a paixão de Cristo: *Transpassaram minhas mãos e meus pés, contaram todos os meus ossos; e eles mesmos me estiveram considerando e olhando; repartiram entre si as minhas vestes e lançaram sorte sobre a minha túnica* (Sl 21,17-19), mas vedes aquilo que no mesmo Salmo foi predito e que agora aparece cumprido: *Lembrar-se-ão e converter-se-ão ao Senhor todos os limites da terra; e todas as famílias das nações o adorarão na sua presença, porque o reino pertence ao Senhor e Ele reinará sobre as nações* (Sl 21,28-29). Não vistes aquilo que foi predito e se cumpriu sobre a ressurreição de Cristo, segundo o que lhe faz dizer o

Salmo, sobretudo a respeito do seu traidor e de seus perseguidores: *Vinham para fora e todos juntos maldiziam a um só; todos os meus inimigos murmuravam contra mim, urdiam males contra mim; faziam circular contra mim uma palavra iníqua* (Sl 40,7-9). Onde, para mostrar-lhes que de nada valeria matar aquele que ressuscitaria, continuou dizendo: *Aquele que dorme não poderá, porventura, levantar-se outra vez?* (Sl 40,9) E, pouco depois, tendo predito pela mesma profecia sobre seu próprio traidor aquilo que está escrito também no Evangelho (cf. Jo 13,18): *Quem comeu o meu pão, levantou contra mim o seu calcanhar* (Sl 40,10), isto é, pisoteou-me, e logo acrescentou: *Mas tu, Senhor, tem piedade de mim, ressuscita-me e eu lhes restituirei* (Sl 40,11). E isso se cumpriu: Cristo dormiu e despertou, ou seja, ressuscitou; Ele que, na mesma profecia, mas em outro Salmo, diz: *Adormeci e estive sepultado no sono, levantei-me, porque o Senhor me sustentará* (Sl 3,6). É verdade, tudo isso vós não vistes, mas vedes sua Igreja, da qual igualmente foi dito e se cumpriu: *Senhor, meu Deus, a ti virão os povos desde as extremidades da terra e dirão: Verdadeiramente, nossos pais possuíram a mentira, a vaidade, de que não tiraram proveito* (Jr 16,19). E isso, certamente, vós o vereis, quer queirais, quer não, e se ainda pensais que os ídolos são ou foram de alguma utilidade, certamente ouvistes que inúmeros povos, depois de ter abandonado, recusado e destruído semelhantes vaidades, dizem: *Verdadeiramente nossos pais possuíram a mentira, a vaidade, mas que não tiveram utilidade alguma. É possível que um homem faça deuses para si, quando eles não são deuses* (Jr 16,19-20). Mas, para que não penseis que as mencionadas gentes teriam vindo para algum lugar de Deus, porque foi dito: *As gentes virão a ti desde as extremidades da terra*, compreendei, se puderdes, que ao Deus dos cristãos, que é o sumo e verdadeiro Deus, as gentes dos povos não vêm caminhando, mas crendo. Afinal, a mesma coisa foi assim predita por outro profeta: *O Senhor mostrar-se-á terrível contra eles, aniquilará todos os deuses da terra. Adorá-lo-ão todos, cada um no seu país, todas as ilhas das nações* (Sf 2,11). Como aquele diz: *A ti virão todos os povos*, este diz: *Adorá-lo-ão, cada um sem seu lugar*. Portanto, virão a Ele sem deixar seu lugar, porque quem crê nele há de encontrá-lo no seu coração. Não vistes o que foi predito e cumprido sobre a ascensão de Cristo: *Exalta-te, ó Deus, sobre os céus*, mas vede aquilo que vem logo depois: *e sobre toda a terra brilhe a tua glória* (Sl 107,6). Vós não vistes tudo aquilo que aconteceu e passou a respeito de Cristo, mas não podeis dizer que não vedes as coisas que estão presentes na sua Igreja. Nós vos temos mostrado ambas as coisas como preanunciadas, mas não vos podemos mostrá-las como acontecidas, e que é possível ver, porque não podemos trazer diante de vossos olhos as coisas passadas.

A exibição das coisas presentes fundamenta a fé nas coisas passadas e nas futuras.

5. 8. Mas como, pelos indícios que se veem cremos nas vontades que não se veem dos amigos, assim a Igreja, que agora se vê, de todas as coisas que não se veem, mas que são mostradas naqueles escritos nos quais ela própria é preanunciada, tanto é sinal das coisas passadas, como profecia das coisas futuras. Porque tanto das coisas passadas, que já não se podem ver, quanto das coisas presentes, que ainda não se podem ver todas, não se podia ver nada quando foram preanunciadas. Portanto, quando as coisas preanunciadas começaram a acontecer, daquelas já acontecidas a estas que estão acontecendo, todas as coisas preditas a respeito de Cristo e da Igreja sucederam-se numa série ordenada: a esta série pertence o que foi predito sobre o dia do juízo, sobre a ressurreição dos mortos, sobre eterna condenação dos ímpios com o demônio e sobre a recompensa dos justos com Cristo, também estas são coisas preanunciadas que acontecerão. Por que, então, não deveremos crer nas coisas passadas e nas futuras que não vemos, quando temos como testemunho de umas e de outras as coisas presentes que vemos, e quando, nos livros dos Profetas, percebemos tanto as coisas passadas como as presentes e futuras, ou as lemos preanunciadas antes de acontecerem? A não ser que, talvez, os homens infiéis julguem que tenham sido escritas pelos Cristãos, de maneira que as coisas nas quais já acreditavam tivessem um peso maior em vista da autoridade, por julgarem que tenham sido prometidas antes de acontecerem.

Os escritos dos Judeus confirmam a nossa fé. A seita dos Judeus não está completamente destruída.

6. 9. Se tiverem alguma suspeita sobre isso, examinem atentamente os escritos dos Judeus, nossos inimigos. Ali lerão todas as coisas que temos recordado e encontrarão que foram preanunciadas a respeito de Cristo, em quem cremos, e a respeito da Igreja, que vemos desde o laborioso início da fé até a sempiterna bem-aventurança do reino. Mas, quando lerem, não se admirem se aqueles a quem pertencem esses escritos não compreendem tais coisas por causa das trevas da inimizade. Pois, que eles não haveriam de entender foi predito pelos próprios Profetas e, portanto, era conveniente que isso, como todo o restante, se cumprisse conforme o secreto, mas justo, juízo de Deus e que sofressem a pena que haviam merecido. Realmente, aquele que crucificaram e ao qual deram fel e vinagre, embora pendesse do madeiro, para aqueles que teria conduzido das trevas para a luz teria dito ao Pai: *Perdoa-lhes, porque não sabem o que fazem* (Lc 23,34); todavia, para os outros que, por razões mais ocultas, teria abandonado, muito tempo antes teria predito por meio do Profeta: *Deram-me fel por comida, e na minha sede apresentaram-me vinagre. Torne-se a sua mesa diante deles um laço, e em tribulação e em ruína. Obscureçam-se os seus olhos para que não vejam; e seu dorso se curve para sempre* (Sl 68, 22-24). Assim, embora seus olhos estejam ofuscados, vão para todas as partes do mundo com os mais ilustres testemunhos de nossa causa, de modo que, por intermédio deles, são confirmadas essas coisas nas quais, porém, eles são reprovados. Isso foi feito para evitar que fossem destruídos e que da própria seita não restasse nada; mas ela foi dispersa pelo mundo, a fim de que, levando as profecias da graça a nós reservada, nos fosse uma ajuda para convencer mais firmemente os infiéis. E mesmo isso que estou dizendo, ouvi como foi anunciado pelo Profeta: *Não os mates* – diz – *para que um dia não venham a esquecer a tua lei; dispersa-os com teu poder* (Sl 58,12). Portanto, não foram mortos enquanto não esqueceram aquelas coisas que junto a eles se liam e se ouviam. De fato, ainda que sem compreendê-las, esquecessem completamente as Sagradas Escrituras, seriam mortos no próprio rito judaico, porque, nada conhecendo das Leis e dos Profetas, os Judeus não teriam utilidade alguma. Portanto, não foram mortos, mas dispersos, para que embora não tenham a fé que os salvaria, todavia, conservaram a memória da qual nos proveio a ajuda: nas Escrituras são sustentadores, nos corações são nossos inimigos, nos escritos, testemunhas.

A fé de todo o mundo admiravelmente associada a Cristo.

7. 10. Contudo, mesmo que a respeito de Cristo e da Igreja não existissem tantas testemunhas precedentes, quem não seria levado a crer que a divina clareza, de repente, começou a resplandecer para o gênero humano, quando vemos que, abandonados os falsos deuses e, em toda a parte, destruídas as suas imagens, demolidos os templos, ou destinados a outros usos, e extirpados tantos ritos vãos pelo bem-enraizado costume humano, um único e verdadeiro Deus é invocado por todos? E tudo isso aconteceu por meio de um só homem escarnecido pelos homens, aprisionado, amarrado, flagelado, esbofeteado, censurado, crucificado, morto. Para difundir seu ensinamento, Ele escolheu como discípulos homens simples e sem experiência, pescadores e publicanos: eles anunciaram sua ressurreição e ascensão, afirmando tê-lo visto, e, cheios do Espírito Santo, fizeram ressoar esta mensagem em muitas línguas, embora não as tivessem aprendido. E entre aqueles que os ouviram, alguns creram, outros não creram, opondo-se ferozmente à sua pregação. Assim, os fiéis combateram pela verdade até a morte, não devolvendo com males, mas suportando-os e venceram, não matando, mas morrendo; dessa forma, o mundo transformou-se com essa religião; os corações dos mortais, homens e mulheres, pequenos e grandes, doutos e ignorantes, sábios e estultos, potentes e fracos, nobres e plebeus, de grau elevando e humildes converteram-se a este Evangelho e a Igreja difundiu-se entre todas as nações e cresceu de tal modo que contra a própria fé católica não surgiu nenhuma seita perversa, nenhuma espécie de erro que fosse tão hostil à verdade cristã a ponto de aspirar e desejar gloriar-se do nome de Cristo. Por certo, não se consentiria que tal erro se difundisse pela terra, se a própria oposição não servisse de estímulo para a sã disciplina. Quando aquele crucificado teria podido realizar coisas tão grandes, se não fosse Deus feito homem, embora não tivesse predito nenhuma dessas coisas mediante os Profetas? Mas, já que, na verdade, tão grande mistério de amor foi precedido por seus profetas e arautos,

   por cujas vozes divinas foi preanunciado e aconteceu como foi preanunciado, quem seria tão louco de dizer que os Apóstolos mentiram sobre Cristo quando anunciaram sua vinda como fora predita pelos Profetas, e não calaram nem os eventos que teriam realmente acontecido a respeito dos Apóstolos? De fato, deles disseram: *Não há linguagem nem idioma em que não sejam entendidas as suas vozes. Seu som estendeu-se por toda a terra, e suas palavras até as extremidades do mundo* (Sl 18,4-5). Isso, certamente, vemo-lo cumprido em todo o mundo, mesmo que ainda não tenhamos visto Cristo na carne. Portanto, quem, a menos que esteja cego de uma estranha loucura ou seja duro e inflexível por uma especial pertinácia, recusar-se-á a crer nas Sagradas Escrituras, que predisseram a fé de todo o mundo?

Exortação para a imóvel observância da fé.

8. 11. Vós, porém, caríssimos, que tendes esta fé ou que agora, há pouco, começastes a tê-la, nutri-a e que cresça em vós. Pois, assim como aconteceram os eventos temporais preditos tanto tempo antes, da mesma forma acontecerão também as promessas sempiternas. Não vos enganem os vãos Pagãos, nem os falsos Judeus, nem os falazes hereges, nem, no seio da própria Igreja, os maus cristãos, que são inimigos tanto mais nocivos quanto mais íntimos. Porque, nem aqui, para não deixar os fracos perturbados, a profecia divina se calou, pois, no Cântico dos Cânticos, onde o esposo fala à esposa, isto é, Cristo Senhor à Igreja, diz: *Como o lírio no meio dos espinhos, assim é minha amada em meio às filhas* (Ct 2,2). E não disse em

meio às estranhas, mas: *Em meio às filhas. Quem tem ouvidos para ouvir, ouça* (Mt 13,9). E quando a rede lançada ao mar e cheia de peixes de toda a espécie, como diz o Santo Evangelho, foi puxada para a praia, isto é, no fim do mundo, separe para si os peixes maus com o coração e não com o corpo, isto é, mudando os maus costumes e não rompendo as santas redes. De modo que os justos, que agora parecem misturados com os réprobos, não recebam uma pena, mas uma vida eterna, quando na praia começar a separação (cf. Mt 13,47-49).

A FÉ E AS OBRAS

Livro único

O tríplice erro de alguns: Sustentam que se deve admitir todos ao Batismo sem distinção.

1. 1. A alguns parece justo admitir, indistintamente, todos ao lavacro da regeneração em Cristo Jesus Senhor nosso, mesmo que não queiram mudar sua má e torpe vida, conhecida por evidentíssimos crimes e ignomínias, e declarem abertamente que haveriam de perseverar também na profissão dela. Por exemplo, se alguém tem um relacionamento com uma meretriz, não lhe seja ordenado que antes se afaste dela e só depois se aproxime do Batismo, mas seja admitido e seja batizado, ainda que, como confessa publicamente, agora esteja com ela e tem a intenção de permanecer; e não lhe seja impedido de se tornar membro de Cristo, embora persista em ser membro da meretriz (cf. 1Cor 6,15): depois, porém, seja informado sobre quão grande é esse mal e, já batizado, seja instruído sobre a maneira de mudar para melhor os seus costumes. De fato, julgam que é mau e inconveniente primeiro ensinar como o cristão deve se comportar e, depois, batizá-lo. Mas consideram que o Sacramento do Batismo deve preceder, para que depois se continue com a doutrina sobre a conduta da vida. E se quiser aceitá-la e observá-la, isso lhe será útil; se não quiser fazê-lo, contanto que conserve a fé cristã, sem a qual

perder-se-ia eternamente, salvar-se-á igualmente, como que através do fogo, seja qual for o pecado ou impureza na qual continua a viver, da mesma maneira que alguém tenha edificado sobre o fundamento que é Cristo, não sobre ouro, prata e pedras preciosas, mas sobre madeira, feno e palha (cf. 1Cor 3,11-12), isto é, não com costumes justos e castos, mas iníquos e impudicos.

Consideram que a doutrina dos costumes não deve ser ministrada senão após o Batismo.

1. 2. Parece que tenham sido impelidos para esta opinião pelo fato de não serem admitidos ao Batismo homens que, repudiadas as mulheres, casaram-se com outras, ou mulheres que, tendo abandonado seus maridos, casaram-se com outros, porque Cristo Senhor atesta, sem dúvida alguma, que estas uniões são adultério e não casamento (cf. Mt 19,9). Portanto, eles não podiam negar que fosse adultério aquilo que, com absoluta clareza, a Verdade declara que é adultério; todavia, queriam sustentar a admissão ao Batismo daqueles que se viam tão prisioneiros de tal laço que preferiam viver, ou também morrer, sem sacramento algum – se não fossem admitidos ao Batismo – do que se libertar quebrando a corrente do adultério. Por isso, movidos por uma certa piedade humana, abraçaram de tal modo a sua causa a ponto de julgar justo que com eles fosse admitido ao Batismo todo o tipo de criminosos e pervertidos, mesmo que antes não tenha sido admoestado com nenhuma proibição, corrigido com nenhuma instrução, induzido a mudar de vida com nenhuma penitência; pensavam que se não se fizesse assim, eles haveriam de perder-se eternamente; mas se assim se fizesse, mesmo perseverando em seus pecados, haveriam de salvar-se, ainda que fosse através do fogo.

Os batizados devem ser salvos por causa da fé cristã, mesmo que não corrijam seus maus costumes. Na Igreja, os maus devem ser tolerados, para que não seja omitida a censura e a disciplina.

2. 3. Respondendo a eles, em primeiro lugar, digo: que ninguém tome aqueles textos das Escrituras que indicam como já em ato ou que preanunciam como presente ou futura a mistura dos bons e dos maus no seio da Igreja, como se neles surgisse uma dissolução ou até uma supressão da severidade de sua disciplina e da sua diligência, pois não deveria ser considerado instruído por aqueles Escritos, mas enganado por sua própria opinião. Todavia, não é porque Moisés, servidor de Deus, tolerava com a maior paciência essa mistura do povo de Deus, que não puniu a muitos com a espada. E assim fez Fineias, o sacerdote, que transpassou com a lança vingadora os que encontrou em flagrante adultério (cf. Nm 25,5-8). Este episódio mostra que alguma coisa deve ser feita, ao menos por meio de degradações ou excomunhões, num tempo como este, no qual, na disciplina da Igreja, teria cessado o emprego da espada visível. E o bem-aventurado Apóstolo, que geme profundamente, é muito tolerante entre os falsos irmãos (cf. 2Cor 11,26) e permite também que alguns

deles, embora instigados pelos estímulos diabólicos da inveja, preguem o Cristo (cf. Fl 1,15-18), e nem por isso julga que se deve poupar aquele que possuiu a mulher de seu pai; antes, reunida a assembleia eclesial, ordena que seja abandonado a satanás, pelo tormento da carne, a fim de que o espírito seja salvo no dia do Senhor Jesus (cf. 1Cor 5,1-5). E por isso, esse mesmo Apóstolo abandonou outros a satanás para que aprendessem a não blasfemar (cf. 1Tm 1,20) e não disse em vão: *Por carta vos escrevi que não tivésseis comunicação com os fornicadores; não certamente com os fornicadores deste mundo, ou com os avarentos, ou ladrões, ou com os idólatras; doutra sorte deveríeis sair deste mundo. Mas escrevi-vos que não tenhais comunicação com aquele que, chamando-se irmão, é fornicador, ou avarento, ou dado à embriaguez, ou rapace; com este tal nem comer deveis. Porque é, porventura, a mim que pertence julgar aqueles que estão fora? Não julgais vós aqueles que estão dentro? Porque aqueles que estão fora, Deus os julgará. Tirai do meio de vós o mau* (1Cor 5,9-13). Na verdade, alguns entendem o que foi dito: *do meio de vós*, como se cada um fosse obrigado a tirar o mal de si mesmo, isto é, a ser ele pessoalmente bom. Mas, seja qual for o modo de se entender, isto é, quer os maus devam ser castigados com excomunhões pela severidade da Igreja, quer cada um, mediante admoestações e correções, arranque o mal de si mesmo, o texto citado acima não apresenta ambiguidade onde ordena que não se misturem com aqueles irmãos que são recordados por algum dos vícios elencados, quer dizer, que sejam conhecidos e famosos.

Com que espírito devem ser corrigidos os que pecam. O preceito do Senhor sobre como devem ser corrigidos os maus.

3. 3. Com que espírito e com que caridade deve ser usada essa misericordiosa severidade, o Apóstolo o mostra de modo evidente não só naquela passagem onde diz: *a fim de que o espírito seja salvo no dia do Senhor Jesus* (1Cor 5,5), mas também em outra parte, de modo evidente, quando diz: *Se alguém não obedecer à nossa palavra pela carta, notai-o, e não tenhais comércio com ele, a fim de que se envergonhe; não o considereis, todavia, como um inimigo, mas adverti-o como irmão* (2Ts 3,14-15).

3. 4. O próprio Senhor é um exemplo singular de paciência, pois suportou o diabo entre os doze Apóstolos até a paixão, e disse: *Deixai crescer uma e outra coisa até a ceifa, para não suceder que, arrancando a cizânia, arranqueis com ela também o trigo* (Mt 13,29-30); e predisse que aquelas redes, que representam a Igreja, conteriam peixes bons e peixes maus até a praia, isto é, até o fim dos tempos; e outras passagens, quando falou da mistura de bons e de maus, quer diretamente, quer de modo figurado: nem por isso, porém, julgou que se devesse omitir a disciplina da Igreja; antes, recomendou que dela se fizesse uso, quando disse: *Prestai atenção: Se teu irmão pecar contra ti, vai e corrige-o entre ti e ele só. Se te ouvir, ganhaste teu irmão; se, porém, não te ouvir, toma ainda contigo uma ou duas pessoas, para que toda a questão se resolva pela palavra de duas ou três testemunhas. Se não as ouvir, dize-o à assembleia. Se não ouvir a Igreja, considera-o como um gentio ou um publicano* (Mt 18,15-17). Depois, naquela mesma passagem recorda também a terrível

ameaça prevista por tal severidade, dizendo: *Tudo o que desatardes na terra, será desatado também no céu e aquilo que ligardes na terra, será ligado também no céu* (Mt 18,18). Proíbe também dar aos cães o que é santo (cf. Mt 7,6). E nem o Apóstolo é contrário ao Senhor, porque diz: *Aos que pecarem repreende-os diante de todos, para que também os outros tenham medo* (1Tm 5,20), já que ele diz: *Corrige-o entre ti e ele só.* Pois deve-se fazer ambas as coisas, como sugere a diversidade da doença daqueles que nos prometemos não deixar que se percam, mas corrigi-los e curá-los: um deve ser curado de um modo, o outro, de outro modo. Portanto, na Igreja existe um modo de ignorar e de tolerar os pecadores, mas existe também um modo de castigá-los e de corrigi-los, de não os admitir ou de exclui-los da comunhão.

Os erros daqueles que não observam a medida de compreender as Escrituras.

4. 5. Mas os homens erram porque não observam a medida: quando começam a andar facilmente numa direção, não olham mais para os outros testemunhos da autoridade divina, que poderiam fazê-los voltar daquela intenção e induzi-los a estabelecer-se na posição que provém do equilíbrio da verdade e da moderação. E isso se verifica não só para a questão que agora nos ocupa, mas também para muitas outras. Assim, alguns, tendo presentes os testemunhos das divinas Letras pelas quais se diz que se deve honrar um só Deus, julgam que o Pai seja uma só coisa com o Filho e o Espírito Santo; outros, porém, como que oprimidos

pela doença contrária, prestando atenção nos textos em que se anuncia a Trindade, e não conseguindo compreender como Deus possa ser um se o Pai não é o Filho, nem o Filho é o Pai, nem o Espírito Santo é o Pai ou o Filho, julgam que se deveria afirmar também a diversidade das substâncias. Alguns, ao observar que nas Escrituras se faz o louvor da santa virgindade, condenaram o matrimônio, enquanto outros, seguindo os testemunhos nos quais são exaltadas as castas uniões, igualaram a virgindade ao matrimônio. Alguns, ao lerem: *Irmãos, é bom não comer carne, nem beber vinho* (Rm 14,21), e outras coisas semelhantes, julgaram impuro o que Deus criou e, em particular, os alimentos que lhes agradavam; outros, porém, lendo: *Tudo o que Deus criou é bom, e nada deve ser desprezado se tomado como ação de graças* (1Tm 4,4), caíram na voracidade e na bebedeira, incapazes de afastar de si os vícios, a não ser substitui-los por vícios contrários ou maiores.

Outro erro, contrário ao erro dos donatistas, por entender falsamente as Escrituras.

4. 6. Assim acontece também com a questão da qual agora nos ocupamos. Alguns, examinando os preceitos da severidade pelos quais somos admoestados a castigar os inquietos, a não dar aos cães o que é santo, a considerar pagão aquele que despreza a Igreja, a arrancar da união do corpo o membro que escandaliza, perturbam de tal modo a paz da Igreja e se esforçam por separar a cizânia antes do tempo, mas, cegados por este erro, são eles próprios que se separam da unidade de Cristo. E esta é para nós a causa do cisma de Donato. E isso não se refere àqueles que, mesmo sabendo que Ceciliano foi atacado com acusações não só inverídicas, mas também caluniosas, por um mortífero pudor obstinam-se no seu pernicioso juízo, mas àqueles dos quais dizemos: Embora tenham sido maus aqueles pelos quais não estais mais na Igreja, vós, porém, deveríeis ter permanecido na Igreja, suportando aqueles que simplesmente não teríeis podido corrigir ou isolar. Outros, porém, correm o risco contrário: quando virem que a mistura dos bons e dos maus na Igreja foi demonstrada ou prevista e que, aprendidos os preceitos da paciência – preceitos que nos tornam tão seguros que, por mais evidente que na Igreja exista o joio, impedem-nos a fé e a caridade, de modo que nós mesmos nos afastamos da Igreja sob o pretexto de que existe cizânia –, pensam que deva ser abandonada qualquer disciplina da Igreja e concedem aos que são responsáveis uma vida tranquila, mas que é absolutamente perversa, como se eles nada mais tivessem a dizer senão o que se deve evitar, ou o que se deve fazer, mas não cuidar do que cada um faz.

A sã doutrina consiste em não se afastar da Igreja por causa dos maus, nem descuidar da disciplina diante dos próprios maus.

5. 7. Nós, porém, julgamos que compete à sã doutrina regular a vida e o juízo de ambos os tipos de testemunhos, para que, pela paz da

Igreja, toleremos também os cães na Igreja e, quando a paz da Igreja estiver garantida, não demos aos cães o que é santo. Portanto, quando por negligência dos responsáveis ou por alguma necessidade escusável ou por mentiras ocultas encontramos os maus na Igreja, coisa que não podemos corrigir nem limitar mediante a disciplina eclesiástica, então (para que em nosso coração não cresça uma ímpia e perniciosa presunção, pela qual pensamos que devemos separar-nos deles para não sermos contaminados por seus pecados, e assim, depois, procuremos atrair a nós discípulos puros e santos, separados da unidade viva como se fosse uma associação de pecadores) venham à mente aquelas comparações das Escrituras, aqueles oráculos divinos ou exemplos certíssimos, pelos quais foi demonstrado e preanunciado que os maus serão misturados aos bons na Igreja até o fim do mundo, até o momento do juízo e que, na união e participação dos Sacramentos eles não serão de algum dano aos bons, que não nos tornaremos cúmplices de suas ações. Porém, quando aqueles que governam a Igreja, sem comprometer a paz, exercerem o poder da disciplina contra os iníquos e os ímpios, então, para evitar que durmamos na indolência e na preguiça, devemos deixar-nos estimular pelos aguilhões de outros preceitos, que pertencem à severidade da punição, para que, dirigindo os nossos passos no caminho do Senhor, tenhamos como guia e ajuda ambos os tipos de testemunhos da Escritura, para não tropeçarmos em nome da paciência, nem nos tornarmos impetuosos sob o pretexto do zelo.

Se deve ser admitido ao Batismo o adúltero e o pecador que não se corrigiu.

6. 8. Portanto, no intuito de observar uma moderação segundo a sã doutrina, examinemos a questão que estamos a tratar, isto é, se os homens devem ser admitidos a receber o Batismo sem que haja alguma vigilância que impeça de dar aos cães aquilo que é santo, até julgar que não devam ser excluídos de um sacramento de tão grande santidade nem os adúlteros mais manifestos e, declaradamente, intencionados a perseverar no seu costume. Sem dúvida, não seriam admitidas pessoas que, precisamente naqueles dias em que, tendo já dado o nome e estando para receber esta graça, purificam-se pela continência, pelo jejum e pelos exorcismos, declaram querer unir-se com suas legítimas e verdadeiras esposas e, portanto, naqueles poucos dias solenes, abstêm-se de algo lícito em outro momento. Por isso, como se pode admitir àqueles ritos santos o adúltero que recusa corrigir-se, quando não é admitido o casado que se recusa a observar uma regra de disciplina?

Se os preceitos do bem-viver não devem ser ensinados antes do Batismo.

6. 9. Mas, dizem, primeiro seja batizado, depois seja instruído no que se refere à vida boa e aos costumes. Isso acontece, talvez, quando alguém chega ao último dia; para que creia em pouquíssimas palavras, mas que contêm tudo e receba o sacramento: porque, se sair dessa vida, saia livre da culpa de todos os pecados passados. Mas, se quem pede é uma pessoa sadia e tem tempo de aprender, que outro momento mais oportuno se pode encontrar no qual a pessoa aprenda como se tornar um homem de fé e como deva viver, do que aquele em que pede o sacramento da fé mais salutar, com o espírito mais atento e como que ansioso pelo sentimento religioso? Ou nos afastamos tanto de nossos sentimentos que nem nós mesmos nos lembramos de quão atentos e solícitos éramos em relação aos preceitos dos nossos catequistas quando pedíamos o sacramento da sagrada fonte e, por isso, éramos chamados de *requerentes* ou não conseguimos ver como se comportam os outros que todos os anos acorrem ao lavacro da regeneração, nos dias em que recebem as instruções, são exorcizados e examinados, com quanta solicitude se reúnem, de quanto zelo são animados, com quanto cuidado prestam atenção? Se não é, então, o momento de aprender o gênero de vida que corresponde a tão grande sacramento que desejamos receber, quando será o momento? E uma vez recebido, se mesmo após o Batismo perseverarem em tão graves culpas ainda não serão homens novos, mas velhos? Isto é, para que, por uma admirável perversidade, antes lhes seja dito: *Revesti-vos do homem novo* e, uma vez revestidos, depois lhes seja dito: *Despojai-vos do velho*: quando o Apóstolo, respeitando a ordem correta diz: *Despojai-vos do velho e revesti-vos do novo* (Cl 3,9-10) e o próprio Senhor proclama: *Ninguém põe um remendo de pano novo em vestido velho, ninguém põe vinho novo em odres velhos* (Mt 9,16-17). Aliás, para que serve todo o tempo no qual trazem o grau e o nome de catecúmenos, a não ser para ouvir qual deve ser a fé e a vida do cristão; para que, depois de ter-se posto à prova, comam à mesa do Senhor e bebam do seu cálice? Porque, *quem come e bebe indignamente, come e bebe a própria condenação* (1Cor 11,29). Isso, porém, acontece por todo o tempo estabelecido pela Igreja para a salvação, a fim de que aqueles que aderem ao nome de Cristo figurem no grau de catecúmenos; mas isso acontece de modo muito mais diligente e intenso nos dias em que são chamados de *requerentes*, pois já deram seu nome para receber o Batismo.

Se uma virgem que, sem saber, desposa o marido de outra, deve ser considerada adúltera.

7. 10. Mas, dizem, o que acontece se uma jovem, sem saber, se casar com o marido da outra? Se ignorar isso para sempre, então, nunca será adúltera: mas se vier a sabê-lo, começará a ser adúltera no exato momento em que se deita com o marido da outra. É como no direito de propriedade: alguém é considerado possuidor de maneira corretíssima se possuir de boa-fé um bem do outro; mas, se vier a saber isso e não renunciar ao bem do outro, então, dá provas de estar de má-fé e, por isso, é corretamente considerado injusto. Portanto, afaste-se de nós o sentimento, certamente, não humano, mas claramente vão, pelo qual lamentamos que se corrigem as ignomínias, como se fossem desfeitas as uniões conjugais, e isso sobretudo *na cidade de nosso Deus, no seu monte santo* (Sl 47,2), isto é, na Igreja, onde não só o vínculo, mas também o próprio

Sacramento do Matrimônio é tomado em tal consideração de não ser permitido ao marido passar sua esposa a outro homem, como se diz que, no tempo da república romana, Catão teria feito, não só sem um mínimo de culpa, mas também com louvores. E não é necessário discutir aqui mais longamente esse assunto, já que também aqueles aos quais respondo não ousam afirmar que isto não seja pecado, ou negar que seja um adultério, para não ter de reconhecer que se opõem abertamente ao Senhor e ao Santo Evangelho. Mas, enquanto lhes agrada que tais pessoas sejam primeiro admitidas a receber o Sacramento do Batismo e à mesa do Senhor, mesmo que, abertamente, se recusem a corrigir-se e, antes, sustentem que não seja absolutamente necessário admoestá-los preventivamente sobre esse assunto, mas basta instruí-los depois, de modo que, se tiverem aceito observar o preceito e corrigir sua culpa, sejam considerados como trigo bom e se, ao contrário, desprezarem, sejam tolerados como a cizânia: mostrem suficientemente que não defendem essas culpas e que as consideram leves e sejam quase como um nada. Afinal, que cristão de boa esperança poderia julgar o adultério uma culpa pequena ou um nada?

Pelo exemplo e pelas cartas dos Apóstolos em nada são ajudados os que querem ser batizados só pela fé; porém, os batizados devem ser instruídos sobre os costumes.

7. 11. Todavia, pensam mostrar pelas santas Escrituras a ordem segundo a qual essas culpas são corrigidas ou toleradas nos outros,

pois, sustentam que os Apóstolos agiram assim e, portanto, tomam de suas cartas algumas passagens nas quais se encontra que, primeiro, instruíram sobre as verdades da fé e, depois, deram os preceitos morais. Dessas passagens querem entender que aos que estão para ser batizados se deva propor somente a regra da fé e só depois, quando já foram batizados, devam ser instruídos também sobre os preceitos para que mudem para melhor a sua vida. Como se lessem algumas cartas dos Apóstolos destinadas aos que devem ser batizados, mas aos quais se trata unicamente da fé; outras, porém, destinadas aos batizados, nas quais estão contidos os preceitos referentes aos maus costumes que devem ser evitados e aos bons, que devem ser cultivados. Mas, consta que os Apóstolos escreveram suas cartas aos cristãos já batizados; por que, então, seus escritos fazem parte de um e de outro discurso, isto é, tanto daquele que se refere à fé quanto daquele que se refere à vida boa? Ou, talvez, queiram que não demos nem um nem outro aos que estão para ser batizados, e que os entreguemos ambos aos batizados? Se isso parecer absurdo, então reconheçam que, em suas cartas, os Apóstolos deram um ensinamento completo em ambos os aspectos; porém, se na maioria das vezes deram primeiro instruções sobre a fé e só depois acrescentaram aquilo que se refere à vida boa, fizeram isso porque se no próprio homem a fé não preceder, a vida boa não pode seguir. Com efeito, qualquer coisa que o homem tenha feito e que pareça reta, não deve ser considerada reta se não se referir à piedade que é devida a Deus. Mas se alguns estultos e demasiado inexperientes julgarem que as cartas dos Apóstolos foram endereçadas aos catecúmenos, certamente, deveriam admitir também que aos ainda não batizados, juntos com as regras da fé, é preciso fazer conhecer os preceitos morais que estão em harmonia com elas: a não ser que, com sua argumentação, nos forcem a concluir que a primeira parte das cartas apostólicas, onde se fala da fé, deva ser lida aos catecúmenos, as partes seguintes, porém, onde se ensina como os cristãos devam viver, aos fiéis. O que seria uma grandíssima tolice; portanto, das cartas dos Apóstolos não se pode tirar nenhuma prova em defesa da opinião segundo a qual se deduza que os que estão para ser batizados sejam instruídos somente sobre a fé, os batizados, porém, sobre os costumes, porque, na primeira parte de suas cartas, os Apóstolos consideraram a fé e depois, a seguir, exortaram os fiéis a viver bem. De fato, embora uma coisa venha primeiro e a outra depois, todavia, com muita frequência, segundo uma sã e atenta doutrina, ambas são pregadas num único contexto, tanto para os catecúmenos quanto para os fiéis, tanto para os que vão ser batizados quanto para os já batizados, seja para que recebam a instrução e não a esqueçam, seja para que a professem e sejam confortados. Por isso, à carta de Pedro, à carta de João, das quais citam algumas passagens, acrescentem também as cartas de Paulo e dos outros Apóstolos: o motivo pelo qual se fala primeiro da fé e depois dos costumes deve ser entendido nesse sentido que, se não me engano, expus com muita clareza.

Aos que vão ser batizados, Pedro não pregou somente a fé, mas também a penitência.

8. 12. Mas, nos Atos dos Apóstolos, Pedro falou de tal modo que num único dia foram batizados três mil e lhes pregou somente a fé com a qual devem crer em Cristo. De fato, quando lhe disseram: *O que devemos fazer? Pedro lhes respondeu: Fazei penitência e cada um de vós seja batizado em nome de Jesus Cristo para a remissão de vossos pecados e recebereis o dom do Espírito Santo* (At 2,37-38). Portanto, por que não percebem que foi dito: *Fazei penitência*? Nessas palavras está incluído o convite a despojar-se da velha vida, para que quem recebe o Batismo se revista da vida nova. Que fruto pode dar uma penitência, que tem por objeto as obras mortas, se a pessoa perseverar no adultério e nas outras culpas, nas quais é envolvido o amor do mundo?

Pela penitência proclamada, não se deve mudar unicamente da infidelidade, mas da velha vida para uma vida nova.

8. 13. Mas, dizem, ele quis somente que fizessem penitência pela falta de fé, porque não creram em Cristo. Admirável presunção (não quero dizer algo mais grave), quando se ouve o que foi dito: *Fazei penitência*, diz-se que a fizeram somente por infidelidade, quando a doutrina evangélica exigia que se mudasse da vida velha para a nova, já que isso inclui também aquilo que o Apóstolo põe na afirmação: *Aquele que furtava, não furte mais* (Ef 4,28) e as outras coisas nas quais se esclarece o que significa depor o homem velho e vestir o novo.

Porém, nas próprias palavras de Pedro, se

quisessem prestar atenção, teriam de onde poder instruir-se. De fato, após ter dito: *Fazei penitência e cada um de vós seja batizado em nome do Senhor Jesus Cristo em remissão dos vossos pecados, e recebereis o dom do Espírito Santo. Porque a promessa é para vós, para os vossos filhos, para todos os que estão longe e para quantos o nosso Deus chamar. E com outras muitíssimas palavras os persuadia e exortava dizendo: Salvai-vos desta geração perversa. Os que receberam sua palavra e creram foram batizados e naquele dia foram agregadas cerca de três mil almas* (At 2,38-41). Aqui, quem não compreende que com aquelas muitas outras palavras, que foram caladas pelo escritor por causa da brevidade, Pedro insistia que se salvassem desta geração perversa, já que também a frase na forma breve indica que Pedro insistia com muitas palavras para persuadi-los disso? Na verdade, este é o resumo da parte principal do discurso, quando foi dito: *Salvai-vos desta geração perversa*. Mas Pedro testemunhava com muitas palavras para que isso acontecesse. Nessas palavras estava a condenação das obras mortas, das quais se tornam culpáveis aqueles que amam este mundo, e a recomendação da boa vida que devem levar e seguir aqueles que *se salvam desta geração perversa*. Por isso, agora, se quiserem, esforcem-se por sustentar que se salva desta geração perversa quem se limita a crer em Cristo, embora queira perseverar nas culpas até a profissão do adultério. Mas se isso é indigno de ser dito, aqueles que estão para ser batizados ouçam não só aquilo que devem crer, mas também como devem salvar-se desta geração perversa: afinal, este é o momento no qual é necessário ouvir como devem viver aqueles que creem.

Depois da profissão de fé do eunuco, imediatamente batizado, eis um exemplo que os adversários usam mal.

9. 14. Dizem: O eunuco que Felipe batizou não disse nada mais do que: *Creio que Jesus Cristo é o Filho de Deus* e com esta profissão foi imediatamente batizado. E então, querem, por acaso, que as pessoas respondam somente isso e logo sejam batizadas? Nada sobre o Espírito Santo, nada sobre a Igreja, nada sobre a remissão dos pecados, nada sobre a ressurreição dos mortos e, enfim, sobre o próprio Senhor Jesus Cristo, nada a não ser que é Filho de Deus, nada de sua encarnação no seio da virgem, nada da paixão, da morte de cruz, da sepultura, da ressurreição ao terceiro dia, da ascensão, de seu estar sentado à direita do Pai? De tudo isso, o catequista nada deve dizer e o fiel nada deve professar? Realmente, se a resposta do eunuco: *Creio que Jesus Cristo é o Filho de Deus* fosse considerada suficiente para voltar e ser logo batizado, por que não seguimos seu exemplo? Por que não o imitamos e cortamos todas as outras perguntas que consideramos necessário fazer proferir na administração do Batismo, também quando somos afligidos pela falta de tempo, para que o batizando responda a todas, mesmo que não tenha conseguido decorar as fórmulas? Mas se a Escritura calou e deu a entender tudo aquilo que Felipe fez com o eunuco no batismo, e naquilo que diz: *Felipe o batizou* (cf. At 8,35-38), quer fazer compreender que, mesmo que o cale por brevidade, foram executadas todas as partes do rito que, como sabemos por uma longa e ininterrupta tradição, devem ser seguidas; do mesmo modo também, onde está escrito que Felipe anunciou ao eunuco o Senhor Jesus, não há motivo algum para duvidar que esta instrução não contivesse também as indicações relativas à conduta de vida de quem crê no Senhor Jesus. De fato, isso é anunciar Cristo: não só dizer o que se deve crer sobre Cristo, mas também o que deve observar quem passa a fazer parte do organismo vivo do corpo de Cristo; e mais: dizer tudo aquilo que se deve crer sobre Cristo, isto é, não só de quem é Filho, de onde nasceu segundo a divindade, de onde, segundo a carne, o que padeceu e por que, qual é o poder de sua ressurreição, que dom do Espírito prometeu e deu aos fiéis; mas também como devem ser os membros dos quais Ele quer ser a cabeça, como os busca, os instrui, os ama, os liberta e os conduz à vida e à glória eterna. Quando se dizem estas coisas – por vezes de forma mais breve e mais condensada, por vezes de forma mais extensa e mais abundante – anuncia-se Cristo; e, todavia, não se deixa nada, não só o que se refere à fé, mas também quanto aos costumes dos fiéis.

A passagem de Paulo, onde diz que ele nada professa senão Cristo Jesus.

10. 15. Isso pode também ser compreendido naquilo que recordam que o Apóstolo Paulo disse: *Porque julguei não dever saber coisa alguma entre vós senão a Jesus Cristo, e este crucificado* (1Cor 2,2). Julgam que foi dito assim, como se a eles nada tivesse sido ensinado, de modo que primeiro acreditaram e depois de batizados teriam aprendido o que se refere à vida e aos costumes. Dizem: Ao Apóstolo, isso era mais do que suficiente, porque disse-lhes que em Cristo, se têm muitos pedagogos, não têm muitos pais, pois foi ele que os gerou para Cristo Jesus por meio do Evangelho (1Cor 4,15). Portanto, se aquele que os gerou por meio do Evangelho – embora agradeça por não ter batizado nenhum deles, excetuados Crispo, Gaio e a família de Estéfanas (1Cor 14-16) –, não lhes ensinou nada mais do que Cristo crucificado, o que dizer se alguém afirmar que eles, quando foram gerados por meio do Evangelho, não tinham nem ouvido falar que Cristo ressuscitara? Por isso, como explicar aquilo que lhes diz: *Ensinei-vos, primeiramente, o que eu mesmo aprendi: que Cristo morreu por nossos pecados, segundo as Escrituras, que foi sepultado e que ressuscitou ao terceiro dia, segundo as mesmas Escrituras* (1Cor 15,3-4), se não havia ensinado mais do que Cristo crucificado? Porém, se não entenderem assim, mas afirmarem que também isso pertence a Cristo crucificado, saibam que em Cristo crucificado os homens aprendem muitas coisas e, sobretudo, *que o nosso homem velho foi crucificado com Ele, para que fosse destruído o corpo do pecado e nós não fôssemos mais escravos do pecado* (Rm 6,6). Por isso também diz de si mesmo: *Mas longe de mim gloriar-me senão da cruz de nosso Senhor Jesus Cristo, por quem o mundo está crucificado para mim, e eu, para o mundo* (Gl 6,14). Portanto, prestem atenção e vejam bem o que significa ensinar e aprender Cristo crucificado, e saberão que pertence à sua cruz que também nós, no seu corpo, somos crucificados para o mundo; daqui se compreende toda a repressão das más concupiscências. Em consequência disso, é impossível que seja consentido viver declaradamente no adultério aos que se formam na cruz de Cristo. Pois também o Apóstolo Pedro, sobre o mistério da própria cruz, isto é, da paixão de Cristo, admoesta que se consagra a ela quem deixa de pecar, dizendo assim: *Portanto, tendo Cristo sofrido na carne, armai-vos também vós do mesmo pensamento; porque aquele que sofreu na carne, deixou de pecar para, durante o tempo que lhe resta na carne, não viver segundo as paixões do homem, mas segundo a vontade de Deus* (1Pd 4,1-2); e as outras passagens, nas quais mostra, de modo consequente, que pertence a Cristo crucificado, isto é, a Cristo que sofreu na sua carne, aquele que crucificou no próprio corpo os desejos carnais e vive bem segundo o Evangelho.

Os dois preceitos do amor a Deus e ao próximo são entendidos mal se um for para os batizandos e o outro para os batizados.

10. 16. E o que dizer: Não julgam que essa sua opinião é válida até para aqueles dois preceitos dos quais o Senhor diz que depende toda a Lei e os Profetas? Eis como os explicam: Assim como o primeiro preceito é assim enunciado: *Amarás o Senhor teu Deus, de todo o teu coração, de toda a tua alma, de todo o teu entendimento; o segundo é semelhante a este: Amarás o teu próximo como a ti mesmo* (Mt 22,37-38); eles acreditam que o primeiro refere-se aos batizandos, onde se preceitua o amor a Deus, o segundo, porém, aos batizados, onde se vê que estão os costumes da convivência humana; e assim, esquecem que está escrito: *Se não amas o teu irmão a quem vês, como poderás amar a Deus a quem não vês* (1Jo 4,20)? E aquela outra passagem, na mesma Carta de João: *Se alguém ama o mundo, não está nele o amor do Pai* (1Jo 2,15). Ora, de que dependem todos os vícios dos maus costumes senão do amor por este mundo? Por isso, precisamente, aquele primeiro preceito que, segundo eles, refere-se aos batizandos, simplesmente não pode ser observado sem os bons costumes. Não quero demorar-me em muitos exemplos, pois, estes dois preceitos, diligentemente considerados, revelam-se tão conexos entre si que, no homem, não pode existir amor a Deus, se não amar o próximo, nem amor ao próximo, se não amar a Deus. Mas, para a questão de que agora se trata, o que dissemos destes dois preceitos é suficiente.

A objeção, que os Israelitas primeiro atravessaram o mar, depois receberam a lei.

11. 17. Objetam ainda: Mas o povo de Israel, primeiro, foi conduzido através do Mar Vermelho, que significa o Batismo e, depois, recebeu a lei, onde teria aprendido como deveria viver. Portanto, por que ensinamos o Símbolo aos batizandos e exigimos que o repitam? Com efeito, nada de semelhante foi feito com aqueles que o Senhor libertou dos Egípcios através do Mar Vermelho. Mas se interpretam corretamente ao verem a instrução prefigurada nos antigos mistérios do sangue do cordeiro espalhado sobre as portas e dos ázimos da pureza e da verdade (cf. Ex 12,7ss.), por que não interpretam de modo consequente também o restante, isto é, que a própria separação dos Egípcios significa o afastamento dos pecados, que os batizandos professam? Afinal, a isso se refere o que foi dito por Pedro: *Fazei penitência e cada um de vós seja batizado em nome de Jesus Cristo* (At 2,38), como se dissesse: afastai-vos do Egito e atravessai o Mar Vermelho. Por isso, também na *Carta que é endereçada aos Hebreus*, quando lembra os inícios das instruções a serem dadas a quem está para receber o Batismo, faz-se menção da penitência que separa das obras mortas. De fato, diz assim: *Contudo, deixando de discorrer sobre os primeiros rudimentos acerca de Cristo, elevemo-nos a coisas mais perfeitas, sem lançar de novo o fundamento da conversão das obras mortas e da fé em Deus, da doutrina sobre os batismos, da imposição das mãos, da ressurreição dos mortos e do juízo eterno* (Hb 6,1-2). Portanto, que todas essas coisas se referem aos inícios dos neófitos é testemunhado pela Escritura com suficiente clareza. Mas, o que é a penitência que separa das obras mortas senão a penitência que nos afasta das obras que devemos fazer morrer para podermos viver? E se os adultérios e as fornicações não forem isso, o que, então, deve-se nomear entre as obras mortas? Mas se não for suficiente declarar a separação de tais obras, se o lavacro da regeneração não destruir também todos os pecados passados que, de algum modo, seguem o homem, assim como não teria sido suficiente os Israelitas se afastarem do Egito se a multidão dos inimigos que os seguia não tivesse perecido nas ondas daquele mesmo mar que se abriu ao povo de Deus no momento de passar e de libertar-se. Portanto, quem declara abertamente não querer separar-se do adultério, como poderá ser conduzido através do Mar Vermelho, se ainda recusa afastar-se do Egito? Depois, não se dão conta de que, naquela lei que foi dada àquele povo depois da passagem do Mar Vermelho, antes está o preceito: *Não terás outros deuses além de mim. Não farás para ti imagem esculpida, nem figura alguma do que há em cima no céu, e do que há em baixo na terra, nem do que há nas águas debaixo da terra. Não adorarás tais coisas nem lhes prestarás culto* (Ex 20,3-5); e todas as outras coisas que se referem a este preceito. Portanto, se quiserem, contra a sua própria asserção, afirmem que nem o culto a um só Deus e a rejeição da idolatria devem ser anunciadas aos que vão ser batizados, mas só aos já batizados; mas já não digam que àqueles que estão para receber o Batismo deve-se exigir somente a fé em Deus e que, depois que o receberam, deve-se instruí-los sobre os costumes da vida, ou seja, sobre o segundo preceito, que se refere ao amor ao próximo. Afinal, ambos estão contidos na lei que o povo recebeu depois da passagem pelo Mar Vermelho, que é como dizer depois do Batismo, nem foi feita alguma distinção entre os preceitos, de modo que, antes da passagem por aquele mar, o povo tivesse sido instruído sobre a obrigação de evitar a idolatria e, depois da passagem, tivesse aprendido a honrar pai e mãe, a não fornicar, não matar, e todas as outras normas de uma conduta humana boa e inocente.

Há um grave transtorno na afirmação contrária.

12. 18. Portanto, se alguém vem pedir o santo lavacro, confessando, porém, que não renunciará aos sacrifícios dos ídolos, a não ser depois, quando lhe agradar, e, todavia, exige imediatamente o Batismo e insiste em tornar-se um templo vivo de Deus, não só continuando como um adorador dos ídolos, mas até perseverando no exercício do ministério sacerdotal de algum culto ímpio: a estes pergunto se julgam que alguém assim deva tornar-se um catecúmeno. Sem dúvida, clamarão que isso não deve acontecer, pois não se deve esperar outra coisa do coração deles. Por isso, à luz da interpretação que creem dever dar aos testemunhos das Escrituras, deem conta do motivo pelo qual ousam opor-se a este homem e confirmem que não deve ser admitido, apesar de ele reclamar e dizer: Aprendi e venero a Cristo crucificado, creio que Cristo Jesus é o Filho de Deus, não me imponhas mais demoras, não me peças mais coisa alguma. Daqueles que gerava mediante o Evangelho, o Apóstolo não queria que eles soubessem mais do que Cristo crucificado. Depois da palavra do eunuco que respondeu crer que Jesus Cristo é o Filho de Deus, Felipe não hesitou mais em batizá-lo: por que me proíbes o culto aos ídolos e não me admites ao Sacramento de Cristo, antes que me afaste daqui? Aprendi aquele culto desde a infância, sou impelido a ele por um costume muito forte; renunciarei quando puder, quando for oportuno. Mas, embora não renuncie, todavia, faze que eu não termine esta minha vida sem o Sacramento de

Cristo e que Deus não deva pedir-te contas da minha alma. O que pensam que se deve responder a este? Ou querem que seja admitido? Não, de modo algum creio que cheguem a tanto. Mas, então, o que responderão a alguém que diz estas coisas e acrescenta que nem se fale em deixar a idolatria antes do Batismo, assim como nada semelhante ouviu aquele primeiro povo antes da passagem pelo Mar Vermelho, pois esta prescrição está contida na lei que recebeu quando já estava livre do Egito. Certamente, há de dizer ao homem: Tornar-te-ás templo de Deus quando receberes o Batismo; mas o Apóstolo diz: *Que relação existe entre o tempo de Deus e os ídolos* (2Cor 6,16)? Por que, então, não veem que do mesmo modo se deva dizer: Serás membro de Cristo, quando receberes o Batismo, mas os membros de Cristo não podem ser membros de uma meretriz? Porque, em outra passagem, o Apóstolo diz também: *Não vos enganeis: nem os fornicadores, nem os idólatras* – e os outros que ele enumera – *possuirão o reino de Deus* (1Cor 6,9-10). Por que, pois, não admitirmos ao Batismo os adoradores dos ídolos, e julgamos que devam ser admitidos os fornicadores, quando destes e de outros pecadores o Apóstolo diz: *E tais éreis alguns de vós, mas fostes lavados, mas fostes santificados, mas fostes justificados em nome do nosso Senhor Jesus Cristo e mediante o Espírito de nosso Deus* (1Cor 6,11)? Qual é, pois, o motivo pelo qual, quando se tem o poder de proibir a ambos, permite-se que o fornicador permaneça e se aproxime do Batismo, e não se permite ao adorador dos ídolos, já que a um e outro ouço dizer: *E tais éreis alguns de vós, mas fostes lavados?* Na verdade, porém, estes são movidos pela convicção de que, embora seja através do fogo, serão certamente salvos aqueles que creram em Cristo e receberam o Batismo, isto é, que foram batizados, mesmo que ao corrigir seus costumes sejam tão negligentes que vivem de modo perverso. Mas logo examinarei, se Deus me ajudar, o que se deve pensar segundo as Escrituras.

Os preceitos sobre os costumes dados por João aos batizandos.

13. 19. Agora, ocupar-me-ei ainda do problema pelo qual lhes parece que os batizados devem ser instruídos sobre os costumes que se referem à vida cristã, os batizandos, porém, só devem ser iniciados na fé. Se assim fosse, além das muitas razões já dadas, João Batista não teria dito àqueles que se apresentavam para o seu batismo: *Raça de víboras, quem vos ensinou a fugir da ira que vos ameaça? Fazei, pois, dignos frutos de penitência* (Mt 3,7-8); e todas as outras admoestações que, de certo modo, não se referem à fé, mas às boas obras. E por isso, aos soldados que perguntavam: *O que faremos?* não respondeu: Por ora, crede e recebei o Batismo, depois ouvireis o que deveis fazer. Antes, porém, disse, antes admoestou, como bom precursor, para limpar o caminho do Senhor que viria ao seu coração, primeiro, admoestou-os, dizendo: *Não façais violência a ninguém, nem calunieis e contentai-vos com o vosso soldo* (Lc 3,14). Do mesmo modo, aos publicanos, que perguntavam o que deviam fazer, disse: *Não exijais nada além* *do que vos está fixado* (Lc 3,11). Recordando, brevemente, essas instruções, o evangelista – que não devia inserir todo o catecismo – mostrou de modo suficientemente claro que compete a quem instrui o batizando dar ensinamentos e admoestar sobre os costumes. E se tivessem respondido a João: Na verdade, não faremos dignos frutos de penitência, caluniaremos, usaremos de violência, exigiremos aquilo que não nos é devido e, apesar disso, depois dessa profissão, ele os batizasse, nem por isso poder-se-ia dizer – e esta é a questão – que não é no tempo em que alguém está para receber o Batismo que, primeiro, se faça instrução sobre como se deve levar uma vida boa.

Para alcançar a vida eterna, Cristo mandou observar os preceitos.

13. 20. Mesmo omitindo outros exemplos, lembrem-se do que o próprio Senhor respondeu ao rico que lhe pedia o que devia fazer de bom para alcançar a vida eterna. Disse: *Se queres ter a vida eterna, observa os mandamentos*. E ele: *Quais?* Então, o Senhor recordou os preceitos da Lei: *Não matarás, não fornicarás* e os outros. E porque ele respondeu que observava todos esses preceitos desde a sua juventude, o Senhor acrescentou também o preceito da perfeição, isto é, que vendesse todos os seus bens e os distribuísse de esmola aos pobres para ter um tesouro no céu e seguisse o Senhor (cf. Mt 19,17-21). Notem, pois, que não lhe foi dito que cresse e fosse batizado, que alguns julgam ser a única ajuda para chegar à vida eterna, mas lhe foram dados os preceitos morais que, por certo, sem a fé não podem ser guardados e observados. Todavia, não é porque parece que o Senhor calou os preceitos da fé, que nós prescrevemos e pretendemos que se anunciem os preceitos morais aos homens que desejam ter a vida eterna. Pois, como disse anteriormente, ambas as coisas estão mutuamente ligadas, porque não pode existir o amor a Deus no homem que não ama o próximo, nem o amor ao próximo no homem que não ama a Deus. Por isso, se acontece que a Escritura, em vez da doutrina completa, menciona um preceito sem o outro, seja este ou aquele, também desse modo faz compreender que um não pode prescindir do outro, porque quem crê em Deus deve fazer aquilo que Deus ordena, e quem faz o que Deus ordena, necessariamente crê em Deus.

Terceira questão: que a fé sem as obras não é suficiente para a salvação.

14. 21. Pois, então, agora examinemos o que se deve tirar dos corações religiosos para que, por sua má segurança, não percam a salvação se, para obtê-la, julgarem suficiente a fé, mas negligenciarem viver bem e seguir o caminho de Deus pelas boas obras. Porque também nos tempos dos Apóstolos, alguns, por não terem compreendido algumas passagens um pouco obscuras do Apóstolo Paulo, julgaram que ele tivesse dito isso: *Façamos o mal, para que venham os bens* (Rm 3,8); porque dissera: *Sobreveio a lei para que abundasse o pecado; mas onde abundou o pecado, superabundou a* *graça* (Rm 5,20). E isso é verdade, porque recebendo a lei, mas não pedindo com fé reta a ajuda divina para vencer as concupiscências perversas, os homens, que confiavam com muita soberba nas suas forças, carregaram-se de mais numerosos e mais graves pecados, pois acrescentaram-lhes também as transgressões da lei. E assim, sob o estímulo de tão grande culpa fugiram para a fé, por meio da qual pudessem merecer do Senhor, que fez o céu e a terra (cf. Sl 120,2), a misericórdia de sua indulgência e de sua ajuda, de modo que, difundindo-se nos seus corações a caridade pelo Espírito Santo, pudessem cumprir com amor aquilo que lhes era prescrito contra as concupiscências desta geração, segundo aquilo que fora predito no Salmo: *Multiplicaram-se as suas enfermidades, depois correram aceleradamente* (Sl 15,4). Portanto, quando o Apóstolo diz que, na sua opinião, o homem é justificado por meio da fé sem as obras da lei (cf. Rm 3,28; Gl 2,16), não o afirma para que, uma vez recebida e professada a fé, as obras da justiça sejam negligenciadas, mas para que cada um saiba que pode ser justificado por meio da fé, também sem antes ter cumprido as obras da lei. De fato, as obras da lei seguem a justificação, não a precedem. Daí que, na presente obra, não é necessário discutir isso mais longamente, sobretudo porque a respeito disso escrevi, recentemente, um livro bastante extenso, intitulado *O Espírito e a letra.* Ora, porque esta opinião tinha surgido naqueles tempos, outras cartas apostólicas – de Pedro, de João, de Tiago, de Judas – voltam-se principalmente contra ela para sustentar com energia que a fé sem as obras não tem proveito algum. Aliás, também Paulo definiu salvífica e verdadeiramente evangélica não uma fé qualquer pela qual se crê em Deus, mas aquela cujas obras procedem da caridade, e diz assim: *A fé que opera pela caridade* (Gl 5,6). Daí a afirmação que aquela fé que, a alguns parece suficiente para a salvação, não aproveita em nada, de maneira que diz: *Se tivesse toda a fé, a ponto de transportar montanhas, mas não tivesse caridade, não seria nada* (1Cor 13,2). Ao invés, onde opera uma caridade inspirada na fé, sem dúvida, vive-se bem, porque *o amor é o cumprimento da lei* (Rm 13,10).

Sobre a salvação eterna, o próprio Apóstolo ensina as mesmas coisas que os outros Apóstolos.

14. 22. É por isso que Pedro, de modo evidente em sua segunda Carta, exorta à santidade de vida e de costumes e preanuncia que este mundo há de passar, mas se esperam novos céus e uma nova terra, que será dada aos justos para que a habitem e fiquem atentos ao modo como devem viver para se tornarem dignos de tal morada. Além disso, sabendo que alguns maus cristãos haviam aproveitado a ocasião de algumas passagens bastante obscuras do Apóstolo Paulo para negligenciar a viver bem, presumindo-se seguros da salvação que reside na fé, recorda que em suas cartas há passagens difíceis de compreender, das quais – como acontece também no restante das Escrituras – os homens pervertem o sentido para a sua própria perdição: também Paulo, como aliás todos os outros Apóstolos, é de opinião que a salvação eterna é dada àqueles que vivem bem. Por isso, Pedro diz: *Visto que todas estas coisas estão destinadas a ser desfeitas, quais vos convém ser em santidade de vida e em piedade, esperando e correndo ao encontro da vinda do dia do Senhor, no qual os céus, ardendo, se desfarão, e os elementos, com o ardor do fogo, fundir-se-ão? Realmente esperamos, segundo a sua promessa, novos céus e uma nova terra, nos quais habite a justiça. Portanto, caríssimos, esperando estas coisas, procurai com diligência ser encontrados por ele imaculados e irrepreensíveis na paz. Crede que a longanimidade de nosso Senhor é para vossa salvação, conforme também nosso irmão caríssimo Paulo vos escreveu, segundo a sabedoria que lhe foi dada, como também em todas as suas cartas, em que fala disso, nas quais há algumas coisas difíceis de entender que os indoutos e inconstantes adulteram, como também as outras Escrituras, para a sua própria perdição. Vós, pois, irmãos, estando prevenidos, acautelai-vos, para que não caiais de vossa firmeza, levados pelo erro destes insensatos, mas crescei na graça e no conhecimento de nosso Senhor e Salvador Jesus Cristo. A Ele glória, agora e no dia da eternidade* (2Pd 3,11-18).

Também Tiago investiu com muita veemência contra aqueles que presumem que a fé sem as obras tenha algum valor para a salvação.

14. 23. Mas Tiago investiu com tanta veemência contra aqueles que presumem que a fé sem as obras valha para obter a salvação que até a comparou ao demônio, dizendo: *Tu crês que há* *um Deus? Fazes bem; mas também os demônios creem, e tremem* (Tg 2,19). O que poderia ser dito de maneira mais breve, mais verdadeira, com mais veemência, já que no Evangelho lemos que os demônios disseram isso quando proclamaram Cristo Filho de Deus e foram por Ele censurados (cf. Mc 1,24-25), o que foi louvado por Pedro na sua profissão de fé? Diz Tiago: *Que aproveitará, irmãos meus, se alguém diz que tem fé e não tem obras? Será que aquela fé pode salvá-lo?* (Tg 2,14); e diz também: *Pois a fé sem as obras é morta* (Tg 2,20). Portanto, eis até que ponto se enganam aqueles que se propõem a vida eterna baseados numa fé morta.

Passagem difícil do Apóstolo, malcompreendida.

15. 24. Por isso, é preciso examinar com diligência como interpretar aquela passagem, realmente difícil de compreender, onde o Apóstolo Paulo diz: *Porque ninguém pode pôr outro fundamento, senão o que foi posto, que é Jesus Cristo. Se alguém edifica sobre este fundamento com ouro, prata, pedras preciosas, madeira, feno, palha, manifestada será a obra de cada um, pois o dia do Senhor a fará conhecer, visto que será revelado no fogo e o fogo provará qual seja a obra de cada um. Se a obra que alguém edificou subsistir, receberá o prêmio. Se a obra de alguém arder, ele sofrerá o prejuízo, mas, apesar disso será salvo, como por meio do fogo* (1Cor 3,11-15). Segundo alguns, esta passagem deve ser interpretada como se aqueles que parecem edificar sobre este fundamento com ouro, prata e pedras preciosas são aqueles que, à fé que repousa em Cristo, acrescentam as boas obras; aqueles, porém, que parecem edificar com feno, madeira e palha, são aqueles que, mesmo tendo a mesma fé, agem mal. E daí concluem que também estes últimos podem ser purificados como por meio das penas do fogo, de modo a obter a salvação, por mérito do fundamento.

Rejeita-se a opinião de quem julga que a fé sem as obras aproveita para a salvação.

15. 25. Se é assim, reconheçamos que quem se esforça, com louvável caridade, para que todos, sem distinção, sejam admitidos ao Batismo, não só os adúlteros e as adúlteras que, contra a afirmação do Senhor, pretendem ter falsas núpcias; mas também as meretrizes públicas, que perseveram numa muito torpe profissão, aquelas que, certamente, nem a mais negligente das igrejas costuma admitir, a não ser que antes se libertem daquela prostituição. Mas, por este critério, simplesmente não vejo por que não deveriam ser admitidas sem reserva alguma. Afinal, quem não prefere que também elas, em virtude do fundamento posto, embora tenham amontoado madeira, feno e palha, sejam purificadas, talvez até com um fogo um pouco mais longo, do que perecerem para sempre? Mas serão falsos os textos que não têm obscuridade e ambiguidade: *Se tivesse toda a fé, a ponto de transportar montanhas, mas não tivesse a caridade, não seria nada* (1Cor 13,2); e: *Que aproveitará, irmãos meus, se alguém diz ter fé e não tem obras? Será que a fé poderá salvá-lo* (Tg 2,14)? Falso será também este:

Não vos enganeis: nem os fornicadores, nem os idólatras, nem os adúlteros, nem os efeminados, nem os de costumes infames, nem os ladrões, nem os avarentos, nem os beberrões, nem os maldizentes, nem os que roubam possuirão o reino de Deus (1Cor 6,9-10). Falso também este: *Ora, as obras da carne são manifestas: são o adultério, a fornicação, a impureza, a luxúria, a idolatria, os malefícios, as inimizades, as contendas, as rivalidades, as iras, as rixas, as discórdias, as seitas, as invejas, os homicídios, a embriaguez, as glutonerias e outras coisas semelhantes, sobre as quais vos previso, como já vos disse, pois os que fazem isso não possuirão o reino de Deus* (Gl 5,19-21). Falsos serão também estes: Se basta que creiam e sejam batizados para que eles, mesmo que perseverem em semelhantes pecados, serão salvos por meio do fogo. Mas os que são batizados em Cristo, ainda que cometam tais culpas, possuirão o reino de Deus. Mas diz-se em vão: *E tais éreis alguns de vós, mas fostes lavados* (1Cor 6,11), já que, mesmo lavados, permanecem tais. Parecerá dito em vão também aquilo que é afirmado por Pedro: *A esta figura corresponde o Batismo que agora vos salva, não tirando as imundícies da carne, mas justificando a boa consciência* (1Pd 3,21), se é verdade que o Batismo salva aqueles que têm uma péssima consciência, cheia de todas as ignomínias e crimes e não muda pelo arrependimento por eles; graças ao fundamento que foi posto, precisamente, no Batismo eles serão salvos, embora através do fogo. Também não vejo por que o Senhor tenha dito: *Se queres entrar na vida, observa os mandamentos*, e recordou aqueles que se referem aos bons costumes ((Mt 19,17-19); e se é possível ter a vida eterna mesmo sem observá--los, somente por meio da fé, que *sem as obras é morta*. Além disso, como poderá ser verdadeiro aquilo que dirá aos que vão colocar à sua esquerda: *Ide para o fogo eterno, que foi preparado para o diabo e seus anjos?* Não repreende a estes porque não creram nele, mas porque não fizeram boas obras. Porém, precisamente para que ninguém se prometa a vida eterna sobre a fé que, sem as obras é morta, por isso disse que iria separar todos os povos que misturados gozavam das mesmas pastagens, para que aparecesse o que eles haveriam de dizer: *Senhor, quando te vimos* padecer isto e aquilo *e não te servimos?* Serão aqueles que creram nele, mas não se preocuparam em fazer as boas obras, como se pela própria fé morta fosse possível ter a vida eterna. Ou, talvez, irão para o fogo eterno aqueles que não fizeram obras de misericórdia e não irão os que roubaram os bens alheios, ou não tiveram misericórdia para si mesmos, profanando em si próprios o templo de Deus? Como se as obras de misericórdia tivessem algum proveito sem o amor, mesmo quando o Apóstolo diz: *Se distribuir todos os meus bens aos pobres e não tiver caridade, nada me aproveitaria* (1Cor 13,3); ou como alguém que não ama a si mesmo pode amar o próximo como a si mesmo? *Pois aquele que ama a iniquidade, odeia a sua alma* (Sl 10,6). E aqui não se poderá dizer aquilo que alguns dizem, enganando-se a si mesmos, isto é, que se trata de um fogo eterno, mas não da própria pena eterna; por isso, pensam que pelo fogo, que será eterno, passarão aqueles aos quais prometem a salvação através do fogo, por causa de sua fé morta. De modo que o fogo em si seria eterno, mas sua combustão, isto é, a ação do fogo, neles não seria eterna. Porém, prevendo isso, o Senhor, precisamente enquanto Senhor, teria concluído suas palavras dizendo: *Assim, estes irão para o suplício eterno, os justos, porém, para a vida eterna* (Mt 25,32-33 e 41-46). Portanto, a combustão será eterna, como o fogo; e a Verdade disse que irão para Ele, conforme declarou, aqueles aos quais não faltou a fé, mas as obras.

Naquela afirmação do Apóstolo deve-se procurar outra compreensão.

15. 26. Portanto, se todas essas afirmações e ainda outras inúmeras, que podem ser encontradas em todas as Escrituras sem ambiguidade, forem falsas, então, poderá ser verdadeira a interpretação que dão da madeira, do feno e da palha, segundo a qual salvar-se-ão através do fogo os que se limitarem a observar a fé em Cristo e negligenciarem as boas obras. Porém, se estas afirmações forem verdadeiras e claras, então, não há dúvida de que aquela passagem do Apóstolo deve ser interpretada de outro modo e deve ser colocada entre aquelas a propósito das quais Pedro diz que nos seus escritos existem coisas de difícil compreensão, mas que os homens não devem perverter para a sua própria perdição, a fim de garantir, contra evidentíssimos textos das Escrituras, a indivíduos completamente pervertidos e obstinadamente apegados às suas perversões, que obterão a salvação mesmo permanecendo os mesmos, isto é, sem corrigir-se e sem fazer penitência.

Como deve ser entendida a passagem do Apóstolo.

16. 27. Aqui, talvez, alguém poderá perguntar-me o que penso sobre a própria afirmação do Apóstolo Paulo e como julgo que deve ser interpretada. Confesso que sobre o assunto preferiria ouvir pessoas mais inteligentes e mais sábias, que o expliquem de modo a conservar toda a sua verdade e firmeza, seja nos textos que acima recordei, seja em todos os outros não lembrados, com os quais a Escritura atesta de modo absolutamente inequívoco que a fé não aproveita para nada se não se tratar daquela que, como a definiu o Apóstolo, age *por meio da caridade* (Gl 5,6); afinal, sem as obras, a fé não pode salvar, nem sem o fogo, nem por meio do fogo, porque se salva por meio do fogo, em todo o caso é sempre a fé que salva. Pois é dito de modo absoluto e claro: *Que aproveitará se alguém diz que tem fé e não tem obras? Será que aquela fé poderá salvá-lo* (Tg 2,14)? Todavia, direi, da forma mais breve que puder, também qual é a minha opinião sobre aquela passagem do Apóstolo Paulo difícil de ser entendida, contanto que a propósito daquilo que se refere à minha declaração se leve em conta sobretudo aquilo que já disse, isto é, que preferiria ouvir pessoas melhores do que eu. Que Cristo é o fundamento entra na estrutura do sábio Arquiteto; e isso não necessita de exposição, porque é dito claramente: *Ninguém pode pôr outro fundamento senão o que foi posto, que é Jesus Cristo* (1Cor 3,11). Mas se é Cristo, sem dúvida, é a fé em Cristo, pois é por meio da fé que Cristo habita em nossos corações, conforme diz o mesmo Apóstolo (Ef 3,17). E se é a fé em Cristo, só pode ser aquele que o Apóstolo definiu, aquela que age pela caridade. Pois não pode ser tomada como fundamento a fé dos demônios, já que eles creem e tremem (cf. Tg 2,19) e confessam que Jesus é o Filho de Deus (cf. Mt 8,29). Por que, então, a não ser porque não é a fé que age por meio da caridade, mas que se exprime pelo temor? Por isso, é a fé em Cristo, a fé da graça cristã, isto é, a fé que opera por meio da caridade e que, posta como fundamento, não permite que ninguém se perca. Mas o que significa edificar sobre esse fundamento com ouro, prata e pedras preciosas, ou com madeira, feno e palha, temo que, se procurasse aprofundar isso, a própria explicação seria antes mais difícil de compreender. Todavia, com a ajuda do Senhor, e brevemente, tentarei expor, quanto puder e de modo claro, o que penso. Eis que, aquele que perguntou ao bom mestre o que devia fazer de bom para ter a vida eterna, ouviu que se quisesse chegar à vida, devia observar os mandamentos; e quando perguntou sobre os mandamentos, foi-lhe dito: *Não matarás, não cometerás adultério, não furtarás, não farás falso testemunho, honra teu pai e tua mãe e ama teu próximo como a ti mesmo* (Mt 19,18-19). Fazendo isso na fé de Cristo, sem dúvida, teria possuído a fé que opera por meio da caridade. Pois não teria podido amar o próximo como a si mesmo a não ser depois de receber o amor de Deus, sem o qual não teria podido amar o próximo como a si mesmo. Ora, se tivesse feito também aquilo que o Senhor acrescentou, dizendo: *Se queres ser perfeito, vai, vende o que possuis, dá-o aos pobres e terás um tesouro no céu; depois, vem e segue-me* (Mt 19,21), teria edificado sobre aquele fundamento com ouro, prata e pedras preciosas; realmente, não teria pensado em outras coisas senão naqueles que são de Deus e como agradar-lhe, e estes pensamentos, na minha opinião, são ouro, prata e pedras preciosas. Porém, se por uma afeição carnal tivesse permanecido preso às suas riquezas – embora fizesse muitas esmolas, sem recorrer, para aumentá-las, a enganos ou roubos e sem cair no vício ou na culpa por temor de vê-las diminuir ou se dispersar (caso contrário, já nesse modo seria subtraído à estabilidade daquele fundamento) – e se o tivesse feito, como disse, por uma afeição carnal em relação a elas, pela qual sem dor pudesse ser privado de tais bens, teria edificado sobre aquele fundamento com madeira, feno e palha. Sobretudo se também tivesse mulher e, por sua causa, tivesse pensado nas coisas do mundo e como agradar à mulher. Ora, porque estas coisas amadas com afeto carnal não são perdidas sem dor, por isso, quem as possui, embora tenha como fundamento a fé que opera movida pela caridade e por nenhum motivo ou cobiça prefira estas coisas e não a fé, todavia, sofre um dano quando as perde e, assim, através dessa dor, que é como um fogo, chega à salvação. Pela dor de tão grande dano, alguém está tanto mais seguro quanto menos as tiver amado ou as possuiu como se não as possuísse. Mas, quem para conservá-las ou obtê-las cometeu homicídio, adultério, fornicação, idolatria e coisas semelhantes, em vez de ser salvo através do fogo graças ao fundamento, será atormentado com o fogo eterno tendo perdido o fundamento.

Outra passagem do Apóstolo em vão aduzido por aqueles que ensinam que a fé salva sem as obras.

16. 28. Por isso, também aquilo que dizem, como que desejando provar quanto vale a fé sozinha, propõem a passagem onde o Apóstolo diz: *Porém, se o infiel se separa, separe-se; porque, neste caso, o irmão ou a irmã já não estão sujeitos à escravidão* (1Cor 7,15), isto é, por causa da fé em Cristo, pode-se repudiar sem culpa alguma a própria mulher, mesmo que esteja unida legitimamente, se ela não quiser permanecer com seu esposo cristão, precisamente porque é cristão. Porém, não consideram que, desse modo, o repúdio é plenamente justificado se a mulher disser a seu marido: "Não serei tua esposa a não ser que me tragas riquezas, mesmo roubando, ou se, como cristão, não continuares a exercer os costumeiros lenocínios que praticavas em nossa casa"; e assim, de qualquer outro vício ou culpa que conhecia do marido, pelo qual se alegrava e do qual saciava a sua libido, conseguia fácil glória ou aparecia com mais luxo. Diante do que a mulher disse, se verdadeiramente ele fez penitência por suas obras mortas, quando se aproxima do Batismo e tem por fundamento a fé que opera por meio da caridade, sem dúvida, o marido sentir-se-á mais ligado ao amor da graça divina do que ao amor pelo corpo da mulher, e amputa corajosamente o membro que o escandaliza. Assim, a dor do coração que suportará nessa ruptura, por causa da afeição carnal à mulher, é o dano que deve sofrer, o fogo através do qual, enquanto o feno arde, ele se salvará. Mas se já tinha a mulher como se não a tivesse, proporcionando mais do que exigindo o débito conjugal, não por paixão, mas por misericórdia, na intenção e salvar também a ela, certamente não sentirá dor carnal alguma quando tal união se interromper; de fato, nela não pensava senão nas coisas de Deus e de como podia agradá-lo (cf. 1Cor 7,2). Assim, na medida em que edificava sobre esses pensamentos com ouro, prata e pedras preciosas, na mesma medida não sofria dano algum e sua construção, que não era feita de feno, não queimava por nenhum incêndio.

Na minha opinião, não contraria o critério da verdade essa compreensão da afirmação do Apóstolo.

16. 29. Portanto, seja que os homens sofram essas penas só nesta vida, seja que também depois desta vida sigam um juízo desse tipo, a interpretação que proponho dessa passagem, na minha opinião, não contraria o critério da verdade. Contudo, se houver outra interpretação que me escapa, deve ser preferida; porém, enquanto nos ativermos a esta, não somos obrigados a dizer aos injustos, aos malvados, aos ímpios, aos viciados, aos parricidas, aos matricidas, aos homicidas, aos fornicadores, aos efeminados, aos ladrões, aos mentirosos, aos perjuros e a todos os que agem de modo contrário à sã doutrina que é segundo o Evangelho da glória do Deus bendito (cf. 1Tm 1,9-11).

Se somente crerdes em Cristo, se receberdes

o sacramento do seu Batismo, mesmo que não mudardes essa péssima vida, sereis salvos.

Que fé da cananeia é louvada.

16. 30. Isso não nos é prescrito nem pela mulher cananeia, pois o Senhor concedeu-lhe o que pedia, mesmo tendo-lhe dito antes: *Não é bom tomar o pão dos filhos e lançá-lo aos cães* (Mt 15,20), pois aquele observador de corações, viu-a mudada quando a louvou. E, por isso, não disse: "Ó cão, grande é tua fé", mas: *Ó mulher, grande é tua fé* (Mt 15,28). Mudou a palavra porque viu que mudara o afeto e deu-se conta de que a censura havia dado o seu fruto. Contudo, seria de admirar se tivesse louvado nela uma fé sem obras, isto é, uma fé que não estivesse já em condições de operar por meio da caridade, uma fé morta, que Tiago, sem a menor dúvida, definiu como fé própria dos demônios, não dos cristãos. Por último, se não querem entender que esta cananeia tinha mudado os seus maus costumes, quando Cristo a redarguiu, condenando-a e corrigindo-a: todas as vezes que encontrarem pessoas dispostas somente a crer, mas não a esconder sua vida absolutamente escandalosa, antes pontas a torná-la, deliberadamente, pública e a não querer mudá-la, curem seus filhos, se puderem, assim como foi curada a filha da mulher cananeia; todavia, não os façam membros de Cristo, já que eles não deixam de ser membros da meretriz. Certamente, não entendem de modo absurdo quando peca contra o Espírito Santo e é culpado de um pecado imperdoável por toda a eternidade aquele que até o fim da vida não quis crer em Cristo; mas se entendessem de modo correto o que significa crer em Cristo, compreenderiam que não quer dizer ter a fé dos demônios, que é, precisamente, chamada fé morta, mas significa ter a fé que opera por meio da caridade.

O argumento em vão tirado das parábolas do joio e dos levados ao banquete para admitir ao Batismo os obstinados no pecado.

17. 31. Sendo assim, quando não admitimos ao Batismo pessoas desse tipo, não é que nos esforçamos por arrancar a cizânia antes do tempo, mas, sobretudo, não queremos, como o diabo, semear mais cizânia; não é que impedimos os que querem chegar a Cristo, mas são eles que não querem chegar a Cristo por sua própria profissão; não é que lhes proibamos de crer em Cristo, mas lhes demonstramos que não querem crer em Cristo aqueles que dizem não ser adultério aquilo que Ele diz ser adultério ou creem que os adúlteros podem ser seus membros quando Ele, mediante o Apóstolo, diz que não possuem o reino de Deus e, certamente, contrariam a sã doutrina, que é segundo o Evangelho do Deus bendito. Daí que estes não devem ser contados entre aqueles que foram ao banquete das núpcias, mas entre aqueles que não quiseram ir. De fato, já que eles ousam contradizer da maneira mais explícita a doutrina de Cristo e opor-se ao Santo Evangelho, não são impedidos de vir, mas desprezam a vinda. Porém, aqueles que, ao menos por palavras, ainda que não por ações,

renunciam a este mundo, na verdade, estes vêm e são semeados em meio ao trigo, são reunidos na eira, agregados às ovelhas, pegos nas redes e unidos aos convidados; e já que entraram, quer se mantenham escondidos ou se manifestem claramente, existirá sempre uma razão para tolerá-los: se não houver possibilidade de corrigi-los, também não se deve ter a presunção de exclui-los. Cuidemo-nos, porém, para não interpretar o que está escrito, que foram levados para o banquete das núpcias *todos os que encontraram, bons e maus* (Mt 22,2-10), de maneira a crer que tenham sido levados também aqueles que declararam querer continuar sendo maus, pois, nesse caso, teriam sido os próprios servos do dono da casa a semear a cizânia e será falso o que diz: *O inimigo que a semeou é o diabo* (Mt 13,39). Mas, já que a passagem não pode ser falsa, *os servos levaram bons e maus*, seja aqueles que se esconderam, seja aqueles que, uma vez acolhidos, mostraram-se abertamente e já dentro; mas "bons e maus" pode ser dito também em relação ao comportamento humano pelo qual se costuma louvar ou censurar aqueles que ainda não creram. Assim, explica-se também o fato de o Senhor admoestar os discípulos que enviou pela primeira vez a pregar o Evangelho: que em qualquer cidade à qual chegassem, pedissem quem é tão digno de poderem habitar com Ele, até partirem novamente (cf. Mt 10,11). Ora, quem será digno, senão aquele que é considerado bom na estima de seus concidadãos? E quem será indigno, senão aquele que é conhecido por eles como mau? Por isso, chegam à fé em Cristo homens de ambos os tipos e, assim, são conduzidos os bons e os maus, porque também os maus não se recusam a fazer penitência pelas obras mortas. Mas, se se recusarem, não são rejeitados se quiserem entrar, mas são eles próprios que, em clara contradição, afastam-se da entrada.

A parábola do servo inútil que não quis investir o talento para a mesma coisa.

17. 32. Portanto, o servo terá a certeza de não ser condenado entre os preguiçosos por não ter querido investir o talento do patrão, pois foram eles que não quiseram receber aquele que investia. De fato, esta parábola (cf. 25,14-30) foi proposta por causa daqueles que na Igreja não querem assumir o encargo de administradores com a preguiçosa desculpa de não querer prestar contas dos pecados dos outros; porque ouvem e não fazem, isto é, recebem e não prestam contas. Na verdade, quando o administrador fiel e diligente, sempre muito pronto a investir e muito desejoso dos lucros do patrão, diz ao adúltero: Não sejas adúltero, se queres ser batizado; crê em Cristo, que diz ser adultério aquilo que fazes, se queres ser batizado; não sejas membro da meretriz, se queres tornar-te membro de Cristo; ele, porém, responde: Não obedeço, não faço; é ele que não quer receber a verdadeira moeda do patrão, antes quer introduzir sua moeda adulterina no tesouro do patrão. Mas, se prometesse fazer e não fizesse, e a seguir não houvesse mais nenhuma possibilidade de corrigir, poder-se-ia encontrar o que fazer

para evitar que seja inútil aos outros, não podendo ser útil a si mesmo, de modo que, no caso de haver um peixe mau nas boas redes do Senhor, todavia, não poderia pegar nas suas más redes outros peixes do Senhor, isto é, se levasse uma vida má na Igreja, todavia não introduziria nela uma doutrina má. Pois quando tais pessoas são admitidas ao Batismo, mesmo que defendam estas suas ações ou declarem, de maneira absolutamente clara, que hão de perseverar nelas, parece que não pregam outra coisa a não ser que os fornicadores e os adúlteros, embora permaneçam em tais maldades até o fim de sua vida, possuirão o reino de Deus e, por mérito de uma fé morta, por ser sem obras, obterão a vida e a salvação eterna. São estas as más redes das quais devem se cuidar de modo especial os pescadores, se, naquela parábola evangélica, como pescadores devem ser entendidos os Bispos ou os responsáveis em graus inferiores das Igrejas, porque é dito: *Segui-me, e eu farei de vós pescadores de homens* (Mt 4,19). De fato, com boas redes pode-se capturar tanto peixes bons quanto peixes maus; com redes má, porém, não se pode pegar peixes bons. Porque na boa doutrina pode existir tanto o homem bom, que a ouve e a põe em prática, quanto aquele que é mau, que a ouve, mas não a põe em prática; na doutrina má, porém, aquele que crê que seja verdadeira, embora não a observe, é mau; e quem a observa, é pior.

Afastar do Batismo os maus obstinados não é novo.

18. 33. É, certamente, admirável que os irmãos que têm outra opinião, quando deveriam afastar-se dela, velha ou nova que seja, mas sempre prejudicial, precisamente eles afirmem que é nova a doutrina de não admitir ao Batismo pessoas muito dissolutas e declaram publicamente quererem perseverar nas suas culpas. Quase não sei aonde querem chegar, quando não se permite que meretrizes, atores e outros que publicamente cometem imoralidades se aproximem dos sacramentos cristãos, a não ser depois de desfazer ou quebrar tais vínculos. De fato, segundo sua opinião, todos estes seriam admitidos se a santa Igreja não observasse seu antigo e forte costume que provém, de modo evidente, daquela puríssima verdade pela qual sabe, com certeza, que *os que praticam tais atos não possuirão o reino de Deus* (Gl 5,21; cf. 1Cor 6,9-10). E se não tiverem feito penitência por estas obras mortas, não lhes será consentido aproximar-se do Batismo; e mesmo que o tenham obtido às escondidas, não poderão ser salvos, a menos que mudem. Quanto aos alcoólatras, aos avarentos, aos maledicentes e aos que tiverem outros vícios condenáveis, que não podem ser convencidos ou censurados, todavia, podem ser flagelados com preceitos e catequeses corretíssimas e, por isso, parece que todos eles se aproximam do Batismo com a vontade mudada para melhor. Mas se, por acaso, os adúlteros, que não são condenados pela lei humana, mas pela lei divina, isto é, os homens que mantêm as mulheres dos outros como se fossem as suas, ou as mulheres que mantêm os maridos das outros como se fossem os próprios, perceberem que em algum lugar, por negligência, costuma-se admiti-los, é necessário tentar corrigi-los com princípios corretos, isto é, agindo de modo que também estes não sejam admitidos. Não se deve distorcer esses princípios corretos com base nessas perversões, de modo a pensar que os Requerentes não devem ser instruídos sobre a obrigação de corrigir seus costumes e que, consequentemente, também todos aqueles que dão prova de pública imoralidade e ignomínia, isto é, as meretrizes, os alcoviteiros, os gladiadores e outros do mesmo gênero, devam ser admitidos, embora perseverem nos seus pecados. Na verdade, todas aquelas coisas que o Apóstolo enumera, concluindo: *Porque os que agem dessa forma, não possuirão o reino de Deus* e aqueles que assim agem intervenham veementemente e não permitam que recebam o Batismo aqueles que resistem e declaram que hão de permanecer nas suas culpas.

Três culpas que são mortíferas na opinião de homens benignos e que devem ser punidas com a excomunhão.

19. 34. Mas também quem pensa que todas as outras culpas podem ser facilmente reparadas com esmolas, não duvide de que três delas, isto é, a impudicícia, a idolatria e o homicídio, sejam mortais e mereçam ser punidas com a excomunhão, até que sejam sanadas por uma penitência mais humilhante. Por ora, não é necessário perguntar qual seja a validade da opinião deles e se deve ser corrigida ou ser aprovada. Basta sabermos que, se todas as culpas não consentem que sejamos admitidos ao Batismo, o adultério está entre elas; mas se não o consentem somente as três culpas acima citadas, delas faz parte também o adultério, causa da qual nasceu esta discussão.

De onde vem o fato que nos catecismos não se trata de casamentos adulterinos. Matrimônio com infiéis.

19. 35. Mas, porque parece que pelos costumes dos maus cristãos, que antes eram até péssimos, não fosse um mal o fato de homens se casarem com as mulheres de outros ou de mulheres se casarem com o marido de outra, talvez, por causa disso, em algumas igrejas entrou a negligência que, nos catecismos dos requerentes, não se perguntava sobre tais vícios, nem eram reprovados. Assim, aconteceu que se começou também a defendê-los. Tais vícios, porém, são ainda raros nos batizados, a não ser que, ao negligenciá-los, os tornemos mais frequentes. Na verdade, aquilo que alguns chamam de negligência, outros de inexperiência e outros ainda de ignorância, provavelmente é aquilo que o Senhor designou com o nome de sono, quando diz: *Porém, enquanto os homens dormiam, veio o inimigo e semeou cizânia no meio do trigo* (Mt 13,25). Todavia, deve-se notar que tais culpas não se tenham manifestado logo nos costumes dos cristãos, mesmo entre os maus, porque o bem-aventurado Cipriano, na sua carta sobre *Os Lapsos*, recorda muitas culpas, deplorando-as e reprovando-as, e diz que, por causa delas, foi com justiça provocada a indignação de Deus, de modo que sua Igreja foi flagelada com uma intolerável perseguição, mas, absolutamente, não as nomeia; porém, ele não cala sobre outra coisas – confirmando assim que pertence aos mesmos maus costumes –, isto é, contrair o vínculo do matrimônio com infiéis, afirmando que isso nada mais é do que prostituir os membros de Cristo aos Gentios, coisa que nos nossos tempos já não é considerado pecado, e porque, na verdade, o Novo Testamento nada prescreve sobre isso, crê-se que seja lícito ou é deixado na dúvida. Como também é ambíguo se Herodes casou-se com a mulher do irmão morto ou vivo: por isso, não é tão claro o que João dizia não lhe ser lícito (cf. Mt 14,3-4). Também a propósito de uma concubina que teria declarado não querer mais se unir a homem algum se fosse despedida por aquele ao qual estava ligada, com razão, duvida-se se não deve ser admitida a receber o Batismo. Também aquele que despediu a mulher surpreendida em adultério e se casou com outra, não parece que deva ser assemelhado aos que se divorciam e se casam novamente sem o motivo do adultério. Nas próprias palavras divinas não é tão claro se aquele ao qual, sem dúvida, é lícito despedir a adúltera, deva por sua vez ser considerado adúltero se voltar a se casar: em tal caso, na minha opinião, sua culpa seria venial. Por isso, aqueles que são manifestamente culpados de impudicícia devem ser, absolutamente, excluídos do Batismo, a não ser que se corrijam com a mudança da vontade e com a penitência: quanto aos casos duvidosos, porém, de todo o modo é preciso esforçar-se para que tais uniões não aconteçam. Afinal, qual a utilidade de meter-se numa situação de tão perigosa ambiguidade? Todavia, se se tratar de coisas já acontecidas, não sei se quem as cometeu não deva, de modo análogo, ser admitido ao Batismo.

A ordem da cura a ser observada acerca dos batizandos.

20. 36. Por isso, no que se refere à salutar doutrina da verdade, para não dar a algum pecado mortal uma segurança muito prejudicial, ou também atribuir-lhe uma autoridade funestíssima, esta é a ordem da cura: que os batizandos creiam em Deus Pai e Filho e Espírito Santo no rito pelo qual o Símbolo é transmitido; que façam penitência pelas obras mortas e não duvidem de que, pelo Batismo, obterão o perdão de, absolutamente, todos os pecados passados: não que lhes seja consentido pecar, mas não lhes seja nocivo se pecaram, ou, para que seja perdoado o malfeito e não para que tenham permissão de fazê-lo. Então, na verdade, poder-se-á dizer, também em sentido espiritual: *Eis que estás curado; não peques mais* (Jo 5,14): isso foi dito pelo Senhor a propósito da cura corporal, porque sabia que, naquele que havia curado, a doença do corpo lhe viera por causa dos seus pecados. Mas ao homem que entra como adúltero para ser batizado, e como adúltero sai já batizado, admiro-me como possam dizer: *Eis que está curado*. Afinal, que doença será grave e mortal se o adultério for sanidade?

A ação dos Apóstolos não favorece aos que querem admitir os adúlteros ao Batismo.

21. 37. Mas, afirmam, entre os três mil que os Apóstolos batizaram num único dia e entre os tantos milhares de fiéis aos quais o Apóstolo comunicou o Evangelho, desde Jerusalém até a Ilíria (cf. Rm 15,19), certamente, havia homens unidos às mulheres de outros, ou mulheres unidas aos maridos de outras, para os quais os Apóstolos tiveram de fixar uma regra que, a seguir, as igrejas teriam observado para decidir se deviam ou não ser admitidos ao Batismo, a não ser que corrigissem aqueles adultérios. Como se, de modo semelhante, não se pudesse dizer-lhes que não encontram menção de ninguém que tivesse sido admitido em tais condições. Ou, então, poder-se-iam lembrar as culpas de cada um, o que evidentemente não teria fim, quando, porém, basta e sobra a regra com a qual Pedro, com muitas palavras, diz aos batizandos: *Salvai-vos desta geração perversa* (At 2,40-41). De fato, quem poderia duvidar que pertencem à perversidade desta geração os adúlteros e aqueles que escolheram persistir na mesma iniquidade? A mesma coisa pode-se dizer das meretrizes públicas, que nenhuma Igreja admite ao Batismo se antes não se tiverem libertado daquela torpeza, e que poderiam ser encontradas em meio a tantos milhares de fiéis de tantas nações e os Apóstolos deveriam ter fixado critérios sobre sua admissão ou exclusão. Na verdade, a partir de alguns fatos menores podemos fazer-nos uma ideia dos maiores. Assim, se aos publicanos que vinham para o batismo de

João foi-lhes proibido que exigissem mais do que fora fixado (cf. Lc 3,13), admiro-me se, aos que vinham para o Batismo de Cristo, pudesse ser permitido o adultério.

Falsamente, dizem que os Judeus foram destruídos unicamente por causa da infidelidade.

21. 38. Recordaram também que os Israelitas cometeram muitos e graves pecados e que derramaram muito sangue dos Profetas e, todavia, não mereceram ser destruídos por esses fatos, mas unicamente pela infidelidade, pela qual não quiseram crer em Cristo. Ora, não querem perceber que seu pecado não foi somente este, de não crer em Cristo, mas também de tê-lo matado. Desses dois pecados, um se refere à culpa de incredulidade, o outro à culpa de crueldade: de fato, o primeiro é contra a fé correta, o segundo, contra a vida boa. Mas, de um e de outro vício está livre aquele que tem fé em Cristo, embora não seja aquela sem as obras, isto é, a fé morta, que se encontra também nos demônios (cf. Tg 2,19-20), mas a fé da graça, que opera pela caridade (cf. Gl 5,6).

Não se diz que o reino dos céus sofre violência da fé sem caridade.

21. 39. Esta é a fé da qual se diz: *O reino dos céus está no meio de vós* (Lc 17,21). Este reino é arrebatado por aqueles que, crendo, fazem violência, implorando o Espírito da caridade, na qual

está a plenitude da Lei (cf. Rm 13,10), sem a qual a letra da Lei os tornava réus também da prevaricação. Por isso, não se deve julgar que a passagem: *O reino dos céus sofre violência e são os violentos que o arrebatam* (Mt 11,12), queira dizer que também os maus, somente pela fé e vivendo pessimamente, cheguem ao reino dos céus, mas que a culpa da prevaricação, que a lei sozinha, isto é, a letra sem o espírito provocava ordenando, é dissolvida mediante a fé e que com a violência da fé se obtenha o Espírito Santo, em virtude do qual, tendo-se difundido a caridade em nossos corações (cf. Rm 5,5), a lei é levada a cumprimento não por temor da pena, mas por amor à justiça.

O conhecimento de Deus que é verdadeiro e que conduz à vida eterna.

22. 40. Portanto, de maneira alguma se deixe enganar a mente desprecavida que julga ter conhecido a Deus quando faz profissão de fé nele com uma fé morta, isto é, sem as boas obras, como costumam os demônios e, por isso, já não duvida que chegará à vida eterna, porque o Senhor diz: *Ora, a vida eterna é esta: Que te conheçam a ti como um só Deus verdadeiro e a Jesus Cristo a quem enviaste* (Jo 17,3). Deve ter em mente também aquilo que está escrito: *E disso sabemos que o conhecemos: se observamos os seus mandamentos. Porque quem diz que o conhece e não observa os seus mandamentos, é um mentiroso e a verdade não está nele* (1Jo 2,3-4). E para que ninguém julgue que seus mandamentos se referem somente à fé, embora ninguém tenha ousado dizer isso, sobretudo porque ele falou de *mandamentos*, dizendo, para que não perdessem a atenção por causa do número, que: *daqueles dois depende toda a Lei e os Profetas* (Mt 22,40), embora, corretamente, se possa dizer que os mandamentos de Deus se referem somente à fé, se não se entender a fé morta, mas a viva, que opera por meio da caridade. Todavia, depois, o próprio João esclareceu o que queria dizer, quando acrescentou: *E este é o seu mandamento, que creiamos no nome de seu Filho Jesus Cristo e nos amemos uns aos outros* (1Jo 3,23).

A indulgência deve ser esperada não para os obstinados, mas para os que se afastam do pecado.

22. 41. Portanto, isso é o que traz proveito: crer em Deus com fé correta, adorar a Deus, conhecer a Deus, tanto para receber dele o auxílio de viver bem e se, por acaso, percarmos, merecer dele a indulgência; já não permanecendo seguros em ações que odeia, mas afastando-se delas, dizendo-lhe: *Eu disse: Senhor, compadece-te de mim; cura a minha alma, pois pequei contra ti* (Sl 40,5), coisa que não lhe dizem aqueles que não creem nele e o dizem em vão aqueles que, estando tão longe dele, estão fora da graça do Mediador. A propósito, existem aquelas palavras no livro da Sabedoria, que não sei como são entendidas por uma perniciosa segurança: *E se pecamos, não deixamos de ser teus* (Sb 15,2); porque, naturalmente, temos um Senhor bom e grande, que quer e pode sanar os pecados dos que se arrependem, mas que, mesmo assim, pode dissipar quem permanece na maldade. Por fim, depois de dizer *somos teus*, acrescentou *conhecendo o teu poder*: em todo o caso, um poder do qual o pecador não poderia subtrair-se ou se esconder. Por isso, a seguir acrescentou: *Mas não pecaremos mais, porque sabemos que pertencemos a ti* (Sb 15,2). Com efeito, quem, meditando de modo digno sobre a morada junto a Deus – morada à qual são predestinados todos aqueles que foram chamados segundo o seu plano – não se esforçará por viver de modo conveniente a tal morada? E isso também é dito por João: *Eu vos escrevo estas coisas, para que não pequeis; mas, se alguém pecar, temos um advogado junto do Pai, Jesus Cristo, o Justo. Ele é a vítima de expiação por nossos pecados* (1Jo 2,1-2); e não faz isso para que pequemos com segurança, mas, para que nos afastando do pecado, se o tivermos cometido, absolutamente não desesperemos da indulgência, graças ao advogado que os infiéis não têm.

Passagem do Apóstolo mal-entendida pelos adversários.

23. 42. Dessas palavras, então, não é prometida nenhuma condição mais benigna para quem quer crer em Deus perseverando nos maus costumes; muito menos daquelas em que o Apóstolo diz: *Todos os que sem lei pecaram, sem lei perecerão, e, todos os que pecaram com a lei, pela lei serão julgados* (Rm 2,12); nesta passagem, é como se houvesse alguma diferença entre perecer e ser julgado, quando, em vez, apesar de palavras diferentes, o significado é o mesmo. Realmente, as Escrituras costumam dizer juízo em lugar de condenação eterna, como, no Evangelho, o Senhor diz: *Virá o tempo em que todos ouvirão a voz do Filho de Deus; e os que tiverem feito obras boas sairão para a ressurreição da vida, mas os que tiverem feito obras más sairão ressuscitados para a ressurreição do juízo* (Jo 5,28-29). E aqui não é dito: Isto para aqueles que creram, aquilo, porém, para aqueles que não creram; mas: Isto para aqueles que agiram bem, aquilo para aqueles que agiram mal. Na verdade, a vida boa é inseparável da fé que opera por meio da caridade, ou melhor, ela própria é a vida boa. Por isso, vemos que o Senhor chamou de *ressurreição para o juízo* para indicar *a ressurreição para a condenação eterna*. De fato, de todos aqueles que hão de ressuscitar (entre os quais, sem dúvida, estarão também aqueles que simplesmente não creram, porque também estes estarão nos túmulos) Ele fez dois grupos, declarando que uns ressurgirão para uma ressurreição de vida, os outros para uma ressurreição do juízo.

Nas Escrituras, juízo está em lugar de condenação eterna.

23. 43. Mas, se dizem que nesta passagem não devem ser entendidos aqueles que simplesmente não creem, mas aqueles que serão salvos através do fogo porque creram, embora tenham vivido mal, assim pensam que com o termo *juízo* seja designada a sua pena transitória. Embora se diga isso de maneira muito descarada, já que o Senhor dividiu em dois grupos – *vida e juízo* –, absolutamente, todos aqueles que hão de ressuscitar (entre os quais estarão, sem dúvida, também os incrédulos); assim, embora não tenha acrescentado o adjetivo, queria que se entendesse *juízo eterno*, como também para a vida. Realmente, não diz: "para a ressurreição da vida eterna", mesmo que não quisesse entender outra coisa. Vejam, porém, o que haverão de responder quando diz: *Quem não crê, já está julgado* (Jo 3,18). Pois aqui, sem dúvida, ou entendem *juízo* no sentido de condenação eterna, ou ouvirão afirmar que também os não crentes se salvarão através do fogo, pois diz: *Quem não crê, já está julgado*, isto é, já está destinado ao juízo. E não será uma promessa de grande benefício para os que creem e vivem indignamente, porque também aqueles que não creem não serão destruídos, mas julgados. Mas se não ousarem dizê-lo, não ousem prometer algo mais benigno para aqueles sobre os quais foi dito: Serão julgados segundo a Lei, pois consta que *juízo* costuma ser usado também para indicar a *condenação eterna*. E então, quando vemos que a condição dos que pecam conscientemente não só é mais benigna, mas é mais grave? Estes são, sobretudo, aqueles que receberam a lei, porque, como está escrito: *Onde não há lei, também não há transgressão* (Rm 4,16). A isso se refere também a passagem: *Eu não conheceria a concupiscência se a lei não dissesse: não desejarás. E o pecado, tomando ocasião daquele mandamento fez nascer em mim toda a concupiscência* (Rm 7,7-8); e muitas outras coisas que sobre isso o mesmo Apóstolo diz: Desta culpa mais grave liberta a graça do Espírito Santo, por meio de Jesus Cristo Senhor nosso que, difundindo a caridade em nossos corações doa a alegria da justiça, que vence a imoderação da concupiscência. Daqui se confirma que não só se deve pensar numa sorte mais benigna, mas também numa sorte mais grave para aqueles dos quais é dito: *Todos os que com a lei pecaram, pela lei serão julgados* (Rm 2,12); como aqueles que pecando sem a lei, perecerão sem a lei. Nesta passagem, pois, não se indica uma pena transitória, mas aqueles com a qual serão julgados, também os não crentes.

Se se deve entender que só os fiéis maus irão para a ressurreição do juízo, para que o juízo não seja a condenação eterna.

23. 44. Mas aqueles que usam essa afirmação para prometer a salvação através do fogo àqueles que, memo crendo, vivem de maneira péssima, para que lhes digam: *Todos os que pecaram sem a lei, sem a lei perecerão e todos os que com a lei pecaram, pela lei serão julgados* (Rm 2,12), como se dissesse: "Não perecerão, mas serão salvos através do fogo". Mas não puderam considerar que o Apóstolo tenha feito esse discurso sobre aqueles que pecaram sem a lei e aqueles que pecaram sob a lei, referindo-se aos Gentios e aos Judeus, para demonstrar que a graça de Cristo, que nos torna livres, é necessária não somente aos Gentios, mas a ambos, como, aliás, é mostrado de modo evidente por toda a Carta aos Romanos. Agora, então, espero que não prometam a salvação através do fogo também aos Judeus que pecaram sob a lei e dos quais é dito: *Serão julgados com a lei*, se a graça de Cristo não os libertar, pois, precisamente deles é dito: *Serão julgados com a lei*. E se não fazem isso, para não cair em contradição (afinal, dizem que os Judeus são culpados do gravíssimo crime da infidelidade), por que, então, naquilo que se refere à fé em Cristo, estendem aos infiéis e aos fiéis aquilo que foi dito daqueles que pecaram sem a lei e daqueles que pecaram sob lei, se era referido aos Judeus e aos Gentios para convidar ambos à graça de Cristo?

24. 44. De fato, não foi dito: "Aqueles que pecaram sem a fé, perecerão sem a fé" e "aqueles que pecaram sob a fé, serão julgados com a fé", mas foi dito *sem a lei* e *sob a lei*, para que parecesse claramente que se tratava de um assunto que se referia aos Judeus e aos Gentios, e não aos bons e aos maus cristãos.

A liberdade da fé não seja para os fiéis um véu da maldade.

24. 45. Contudo, se querem que naquela passagem a lei seja tomada por fé – o que, aliás, é demasiado inoportuno e absurdo – também em tal caso podem ler o texto muito claro do Apóstolo Pedro. Ao falar daqueles que haviam tomado por pretexto da carne e por véu de sua maldade o que está escrito: Nós que pertencemos ao Novo Testamento *não somos filhos da escrava, mas da livre, pois é com esta liberdade que Cristo nos fez livres* (Gl 4,31) e haviam pensado que viver livremente significasse considerar lícito, como seguros de tal redenção, tudo aquilo que lhe parecesse livre, não percebendo que também está dito: *Vós, irmãos, fostes chamados à liberdade; convém somente que não façais dessa liberdade um pretexto para viver segundo a carne* (Gl 5,13), o próprio Pedro diz: *Livres, não como tendo a liberdade por véu para encobrir a malícia* (1Pd 2,16). Deles fala também na sua segunda Carta: *São como fonte sem água e névoas agitadas por turbilhões, para os quais está reservada a obscuridade das trevas, porque, falando palavras arrogantes de vaidade, atraem para os desejos impuros da carne aqueles que pouco antes tinham fugido dos que vivem no erro; prometendo-lhes a liberdade, quando eles mesmos são escravos da corrupção, pois que se é escravo daquele por quem se foi vencido. Assim, se, depois de terem fugido das corrupções do mundo pelo conhecimento de Jesus Cristo nosso Senhor e Salvador, por ela são novamente envolvidos e vencidos, o seu segundo estado tornou-se para eles pior do que o primeiro. Melhor lhes era não conhecer o caminho da justiça, do que, depois de o terem conhecido, tornar para trás afastando-se daquele mandamento santo, que lhe foi dado. Dessa forma, realizou-se neles aquele provérbio verdadeiro: "Voltou o cão ao seu vômito" e: "A porca lavada tornou a revolver-se no lamaçal"* (2Pd 2,17-22). Com que finalidade se promete ainda, contra essa claríssima verdade, a esses que conheceram o caminho da justiça, isto é, Cristo Senhor, e vivem de modo perverso, uma sorte melhor do que aquela que teriam tido se não o tivessem conhecido, já que se diz da maneira mais clara: *Para eles teria sido melhor não ter conhecido o caminho da justiça do que, tendo-o conhecido, voltar para trás, afastando-se daquele mandamento santo que lhes foi dado?*

Mandamento santo, o que é, e isso permaneça como pena para os que conhecem e os que transgridem.

25. 46. E nesta passagem, por *santo mandamento* não se deve entender aquele preceito pelo qual nos é ordenado a crer em Deus, embora nele tudo esteja contido, se por fé dos crentes entendemos a fé que opera mediante a caridade. Aliás, o Apóstolo expressou claramente o que entendia com santo mandamento, isto é, aquele preceito com o qual nos é ordenado que vivamos com castos costumes e nos afastemos das imundícies deste mundo. De fato, assim diz: *Assim, se depois de terem fugido das corrupções do mundo pelo conhecimento de Jesus Cristo nosso Senhor e Salvador, por elas são novamente envolvidos e vencidos, o seu segundo estado torna-se para eles pior do que o primeiro.* Não diz "depois de ter fugido da ignorância de Deus" ou "depois de ter fugido da incredulidade do mundo", ou coisas semelhantes; mas diz: *das imundícies deste mundo*, nas quais, na verdade, estão contidas todas as imundícies dos vícios. Pois, destas pessoas falou pouco acima: *Estando à mesa convosco, têm os olhos cheios de adultérios e insaciáveis de pecado* (2Pd 2,13-14). Por isso, chama-os também de fontes sem chuva: Fontes, porque receberam o conhecimento de Cristo Senhor, mas sem chuva, porque não vivem de modo consequente. Na verdade, falando destes, também o Apóstolo Judas diz: *Eles são a mancha dos vossos banquetes, sentados à mesa sem respeito, pensando somente em alimentar a si mesmos, como nuvens sem água* (Jd 1,12), e assim por diante. De fato, o que

Pedro diz: *Estando à mesa convosco, têm os olhos cheios de adultérios*, Tiago o diz também: *São a mancha dos vossos banquetes*: com efeito, misturam-se com os bons no banquete dos sacramentos e nos ágapes do povo. E o que Pedro diz: *Fontes sem chuva*, está também em Judas: *Nuvens sem água*, e ainda em Tiago: *Fé morta* (Tg 2,20).

A pena transitória não deve ser prometida aos batizados que vivem criminosamente.

25. 47. Por isso, não se prometa a pena transitória aos que vivem torpe e criminosamente, porque conheceram o caminho da justiça, aos quais era melhor não conhecer, como o atesta a muito veraz Escritura. Deles, na verdade, também o Senhor diz: *O último estado daquele homem torna-se pior do que o primeiro* (Mt 12,45), porque, ao não acolher o Espírito Santo como habitante de sua purificação fez voltar a si o espírito imundo ainda mais imundo. A não ser que estes dos quais falamos devam ser julgados melhores, não porque não retornaram à impureza dos adultérios, mas porque não se afastaram dela e, uma vez purificados, não porque não se mancharam novamente, mas porque recusaram purificar-se. Com efeito, nem para entrar para o Batismo com a consciência aliviada dignam-se, ao menos, vomitar suas velhas imundícies, prontos para serem engolidas novamente, como costumam fazer os cães, mas pretendem aproximar-se do próprio santo lavacro com o coração pertinazmente duro, conservando a maldade não digerida: não a ocultam sob uma falsa promessa, mas a ostentam com um descaramento professado. E, sem sair de Sodoma, como a mulher de Lot (cf. Gn 19,26), voltam-se novamente para as coisas passadas, mas recusam-se, absolutamente, sair de Sodoma; e até procuram chegar a Cristo em companhia de Sodoma. O Apóstolo Paulo diz: *Eu que antes fui blasfemo, perseguidor e injuriador, mas alcancei a misericórdia, porque agi na ignorância, na incredulidade* (1Tm 1,13); e a estes se diz: A vós, então, será usada a misericórdia se, conscientemente, viverdes mal na própria fé. Seria demasiado longo e, talvez, sem fim, querer acrescentar todos os textos das Escrituras nas quais aparece de modo claro que a culpa daqueles que conscientemente levam uma vida má e perversa não só não é mais leve do que a daqueles que fazem inconscientemente, mas, precisamente por isso, é mais grave. Assim, basta o que foi dito.

A não ser que a vida corresponda ao Batismo, não se obterá o reino dos céus. Três tipos de pecados são curados com três remédios.

26. 48. Portanto, com a ajuda do Senhor nosso Deus, estejamos atentos para não dar aos homens uma falsa segurança, dizendo-lhes que, uma vez batizados em Cristo, seja qual for maneira de viverem a fé, hão de chegar à salvação eterna. Nem façamos cristãos do mesmo modo que os Judeus fazem prosélitos, aos quais o Senhor diz: *Ai de vós, Escribas e Fariseus, que percorreis o mar e a terra para fazer um prosélito; e, depois de o terdes feito, o tornais duas vezes mais filho da geena do que*

vós (Mt 23,15). Mas, em todo o caso, sigamos a sã doutrina de Deus, nosso mestre, de modo que à santidade do Batismo corresponda a santidade da vida cristã, e que a nenhum homem ao qual faltar uma das duas coisas seja prometida a vida eterna. Pois aquele que disse: *Quem não renascer da água e do Espírito Santo não pode entrar no reino dos céus* (Jo 3,5), também disse: *Se a vossa justiça não exceder a dos Escribas e a dos Fariseus, não entrareis no reino dos céus* (Mt 5,20). Na verdade, deles diz: *Sobre a cadeira de Moisés sentaram-se os Escribas e os Fariseus. Observai, pois, e fazei tudo o que eles vos disserem; mas não imiteis as suas ações, porque dizem e não fazem* (Mt 23,2-3). Portanto, sua justiça é dizer e não fazer; precisamente, por isso, quis que a nossa justiça, que consiste em dizer e em fazer, fosse superior à justiça deles; e se não for assim, não se entrará no reino dos céus. Não que alguém deva exaltar-se a ponto de ousar, não digo, gloriar-se diante dos outros, mas nem pensar consigo mesmo que seja sem pecado nesta vida. Se não existissem pecados tão graves que deveriam ser punidos com a excomunhão, o Apóstolo não diria: *Congregados vós e o meu espírito, este indivíduo seja entregue a satanás, para a morte da carne, a fim de que o espírito seja salvo no dia do Senhor Jesus* (1Cor 5,4-5). E diz ainda: *Que eu não deva chorar por muitos que antes pecaram e não fizeram penitência da impureza, fornicação e dissolução que cometeram* (2Cor 12,21). E igualmente, se não existissem pecados que não deveriam ser sanados com aquela humilhação da penitência que é imposta na Igreja aos que são propriamente chamados de *penitentes*, mas com oportunas censuras, o próprio Senhor não diria: *Corrige-o entre ti e ele só. Se te ouvir, ganhaste o teu irmão* (Mt 18,15). Por fim, se não existissem aqueles pecados que são inevitáveis nesta vida, não teria posto um remédio cotidiano na oração que nos ensinou para que digamos: *Perdoai-nos as nossas ofensas, assim como nós perdoamos aos que nos tem ofendido* (Mt 6,12).

Epílogo das coisas preditas.

27. 49. Na minha opinião, penso que seja suficiente o que expus sobre aquilo que me parece ser toda a questão, na qual se destacaram três problemas. O primeiro é o da mistura de bons e maus na Igreja, como o problema do trigo e da cizânia. A propósito disso, é preciso cuidar para não julgar que as analogias, como esta ou aquela dos animais na arca, ou qualquer outra com o mesmo significado, que tenham sido propostas para que durma a disciplina da Igreja, da qual, na figura daquela mulher, é dito: *Vigia o andamento de sua casa* (Pr 31,27). Na verdade, elas foram propostas para impedir que uma temerária loucura, e não uma diligente severidade, progrida a ponto de presumir separar, por assim dizer, os bons dos maus mediante nefastos cismas. De fato, com estas analogias e estas predições não foi dado aos bons o conselho da indolência, pelo qual negligenciem o que devem proibir, mas a paciência, pela qual salvem a doutrina da verdade e tolerem aquilo que não conseguem corrigir. Mas, porque está escrito que entraram na arca de Noé também animais imundos, por isso, os responsáveis não devem proibir que dançadores, que são imundíssimos, queiram entrar para o Batismo, o que, certamente, é menos grave do que os fornicadores. Mas, com esta figura de um fato histórico foi prenunciado que, na Igreja, os imundos teriam existido por um motivo de tolerância, não pela corrupção da doutrina ou pela dissolução da disciplina. De fato, os animais imundos não entraram por onde quisessem, com a destruição da configuração da arca, mas pela mesma e única porta feita pelo construtor. O segundo problema é aquele no qual aos batizandos deveria ser transmitida somente a fé e, depois, uma vez batizados, eles seriam instruídos sobre os costumes. Mas, se não me engano, foi suficientemente demonstrado que exatamente então, quando todos aqueles que pedem o sacramento dos fiéis ouvem com mais atenção e solicitude o que lhes é dito, os responsáveis pela admissão devem ter cuidado de não calar a pena que o Senhor ameaça para aqueles que vivem mal, para não acontecer que, exatamente no Batismo, ao qual se aproximam para que sejam perdoados todos os pecados a eles imputados, sejam acusados de pecados ainda mais graves. O terceiro problema é perigosíssimo, pois foi pouco considerado e não aprofundado segundo a palavra divina, e parece-me que tenha brotado toda uma opinião pela qual se promete, aos que vivem de maneira absolutamente má e torpe e perseveram nesse estilo de vida, que hão de chegar à salvação e à vida eterna, contanto que creiam em Cristo e recebam seus sacramentos. Tudo isso é contra a afirmação do Senhor que, àquele que desejava a vida eterna, respondeu: *Se queres entrar na vida, observa os mandamentos* (Mt 19,17) e recordou os mandamentos nos quais se prescreve evitar os pecados pelos quais, não sei como, se promete a salvação eterna por meio da fé sem obras, isto é, a fé morta (cf. Tg 2,20). Sobre estas três questões, segundo penso, discuti suficientemente e demonstrei que os maus devem ser tolerados na Igreja, mas de maneira a não negligenciar a disciplina eclesiástica, e que, aqueles que pedem o Batismo, devem ser instruídos de modo que não só ouçam e aceitem o que devem crer, mas também como devem viver; que aos fiéis é prometida a vida eterna, porém, que ninguém pense que poderá alcançá-la mediante a fé morta, que não pode se salvar sem as obras, mas mediante a fé da graça que opera por meio da caridade (cf. Gl 5,6). Por isso, não se culpem os dispensadores fiéis, nem sua suposta negligência ou preguiça, mas antes a obstinada contumácia dos que recusam receber a moeda do patrão e obrigam seus servos a fazerem frutificar sua falsa moeda. Não querem nem ser maus como aqueles aos quais se refere São Cipriano (cf. Cipriano, *De Lapsis*, 27), que renunciam ao mundo somente com palavras e não com fatos, já que nem por palavras querem renunciar às obras do diabo, declarando de maneira muito clara que perseveram no adultério. Se eles costumam propor algum outro argumento que, por acaso, na discussão não toquei, penso que não seja tal que exija uma resposta minha, quer porque não se refere à questão tratada, quer porque é tão frágil que pode ser confutado por qualquer um com muita facilidade.

ENQUIRÍDIO A LOURENÇO

SOBRE A FÉ, A ESPERANÇA E A CARIDADE

Livro único

Escrevendo a Lourenço, alegra-se por sua erudição, desejando que ele seja sábio segundo as Escrituras Sagradas.

1. 1. Amantíssimo filho Lourenço, é impossível expressar quanto me alegro por tua erudição e quanto desejo que sejas sábio, mas não do número daqueles dos quais se diz: *Onde está o sábio? Onde o escriba? Onde o indagador deste século? Porventura, Deus não transformou em loucura a sabedoria deste mundo?* (1Cor 1,20), mas sejas daqueles sobre os quais está escrito: *A multidão dos sábios é a salvação do universo* (Sb 6,24) e como o Apóstolo quer que sejam aqueles dos quais diz: *Mas quero que sejais sábios no bem e simples no mal* (Rm 16,19).

Que a piedade é a sabedoria do homem, isto é, o culto de Deus, é dito brevemente no santo Jó.

1. 2. A piedade, porém, é a sabedoria do homem. Encontrarás isso no livro do santo Jó, pois ali se lê que a própria Sabedoria teria dito ao homem: *Eis, a piedade é a sabedoria* (Jó 28,28). Então, se perguntares de que piedade se fala ali, encontrarás mais claramente no Grego Θεοσέβειαν, quer dizer, culto de Deus. De fato, piedade, em Grego, diz-se também de outra forma, isto é, ευσέβεια, termo que significa "culto bom", embora também este se refira precipuamente à veneração de Deus. Mas nenhuma palavra é mais adequada do que aquela para expressar de modo explícito o culto de Deus, quando se trata de dizer em que consiste a sabedoria do homem. Pedes, então, que eu diga algo mais breve, quando me pedes palavras breves sobre assuntos importantes? Ou, talvez, desejas que te seja esclarecido precisamente isso, resumindo num discurso breve o que seja o culto que se deve prestar a Deus?

De que modo Deus deve ser venerado?

1. 3. Ora, se te responder que se deve venerar a Deus pela fé, pela esperança e pela caridade, certamente, dirás que esta resposta é mais breve do que quererias e, por isso, hás de pedir-me que explique brevemente o que é próprio de cada uma dessas três virtudes, isto é, o que se deve crer, o que se deve esperar e o que se deve amar. Quando tiver feito isso, então, ali estarão todas as questões que puseste na tua carta; se tiveres contigo um exemplar, ser-te-á fácil encontrá-las e relê-las; caso contrário, hás de recordá-las quando eu as mencionar.

Que livro quereria que lhe fosse feito, ou o que propôs que contivesse.

1. 4. Com efeito, de acordo com o que escreves, queres que eu componha um livro, uma espécie de Enquirídio, como dizem, que tu possas ter sempre à mão, que contenha os teus pedidos, isto é, as coisas que devem, absolutamente,

ser seguidas e, sobretudo, evitadas, por causa das diversas heresias; em que medida a razão pode intervir a favor da religião, ou o que foge à razão quando a fé está só; o que se deve pôr em primeiro lugar, e o que, no último; qual é a síntese completamente definida e qual é o fundamento certo e próprio da fé católica. Porém, sem dúvida, poderás conhecer todas essas coisas se conheceres atentamente o que se deve crer, o que se deve esperar, o que amar. De fato, estas devem, absolutamente, ser seguidas, ou antes, são as únicas que devem ser seguidas na religião: quem a elas se opuser, ou é estranho ao nome de Cristo, ou é um herege. Estas são sustentadas pela razão, quer porque são entrevistas pelos sentidos do corpo, quer porque são descobertas pela inteligência espiritual. Depois, quanto às verdades das quais não tivemos experiência sensível e não conseguimos ou não conseguiremos alcançar com a mente, é preciso, sem hesitação alguma, crer nas testemunhas que redigiram aquela Escritura que, com justiça, mereceu chamar-se de divina: estes, quer pelo corpo, quer pela espírito, puderam vê-las, ou até prever, graças à ajuda divina.

Os aspectos da fé e da perfeição, que Cristo é propriamente o fundamento da fé católica e que entre os hereges encontra-se somente de nome.

1. 5. Porém, quando a mente for impregnada pelo início da fé, que opera por meio da caridade (cf. Gl 5,6), vivendo bem, também tende a chegar à imagem que manifesta aos corações santos e perfeitos a beleza inefável, cuja visão plena constitui a suprema felicidade. Certamente, é isso que procuras ao pedir o que se deve pôr em primeiro lugar e o que se deve pôr em último; iniciar pertence à fé, completar, à visão. E esta é também a síntese completamente definida. Na verdade, o fundamento certo e próprio da fé católica é Cristo: *Porque ninguém pode pôr outro fundamento* – diz o Apóstolo – *senão o que foi posto, que é Jesus Cristo* (1Cor 3,11). Pensar ter Cristo em comum com alguns hereges, não é razão suficiente para negá-lo como fundamento próprio da fé católica. Mas, se refletirmos atentamente em tudo o que se refere a Cristo, então, descobrimos seu nome ao lado de todos os hereges que querem ser chamados Cristãos, mas é só de nome, de fato, não o são. Mostrar isso seria demasiado longo, porque seria necessário recordar todas as heresias, tanto as pesadas como as presentes e as que forem possíveis sob o nome cristão, mostrando, portanto, para cada uma delas quanto isso é verdade: esta seria uma discussão que exigiria muitos volumes, de maneira a se tornar infinita.

O que é um Enquirídio que quereria que lhe fosse feito, e quanto é trabalhoso responder aos que servem sobre a fé, sobre a esperança e sobre a caridade.

1. 6. Tu, porém, nos pedes um Enquirídio, isto é, algo que possas ter sempre à mão e que não possa pesar na estante. Por isso, para voltarmos àquelas três virtudes, a fé, a esperança e a caridade, por meio das quais dissemos que se deve venerar a Deus, seria antes fácil dizer o que se deve crer, o que se deve esperar, o que se deve amar. Mas, para defender-se das calúnias daqueles que pensam diferentemente, exige-se um ensinamento mais abrangente e complexo: porém, para que se tenha isso, não basta encher a mão com um breve enquirídio, mas deve-se inflamar o coração por um grande esforço.

Que o Símbolo e o Pai-nosso contêm a fé, a esperança e a caridade.

2. 7. Ora, eis que tens o Símbolo e a oração do Senhor: o que é mais breve do que aquilo que ali se ouve ou se lê? O que se pode guardar na memória com mais facilidade? Pois, de fato, como consequência do pecado, o gênero humano era oprimido por uma grave miséria, necessitava da divina misericórdia e, preanunciando o tempo da graça de Deus, o Profeta diz: *Acontecerá que todo aquele que invocar o nome do Senhor será salvo* (Jl 2,3; cf. At 2,21; Rm 10,13). Daqui a necessidade da oração. Mas o Apóstolo, após ter recordado esse testemunho profético, para fazer apreciar a própria graça, acrescenta imediatamente: *Mas como invocarão aquele em quem não creram?* (Rm 10,14). Por causa disso, o Símbolo. Nesses dois testemunhos, procura descobrir aquelas três virtudes: a fé crê, a esperança e a caridade oram; estas, contudo, não podem subsistir sem a fé, por isso, também a fé ora. Na verdade, por isso é dito: *Como invocação aquele em quem não creram?*

Como a fé, a esperança e a caridade não podem existir sem a presença mútua, embora tenham algumas diferenças entre si.

2. 8. Mas o que se pode esperar se não se crê? Por outro lado, pode-se crer em algo que também não se espera? De fato, que cristão não crê nas penas dos ímpios e, todavia, não as espera? E quem crer que elas lhe são iminentes, e se horrorizar por uma reação do espírito, é mais correto falar de temor do que de esperança. Distinguindo esses dois aspectos, alguém diz: *A quem teme, seja lícito esperar* (Lucano, *Pharsalia*, 2, 15). Um outro poeta, porém, embora melhor, disse de maneira não apropriada: *Eu jamais pude esperar tamanha dor* (Virgílio, *Aen.* 4,419). Por fim, alguns gramáticos fazem uso dessa palavra como exemplo de expressão imprópria, dizendo: Disse esperar em lugar de temer. Por isso, existe uma fé nas coisas más e nas coisas boas, porque se crê no bem e no mal e isso com uma fé boa e uma fé má. Também existe uma fé a respeito das coisas passadas, das coisas presentes e das coisas futuras. De fato, cremos no Cristo morto, que já é passado; cremos que está sentado à direita do Pai, que é presente; cremos que há de vir para julgar, o que é futuro. Do mesmo modo, a fé tanto se refere a nós mesmos quanto aos outros. E cremos em muitas coisas que pertencem à esfera religiosa, não só em relação aos outros homens, mas também em relação aos anjos. A esperança, porém, refere-se unicamente às coisas boas e somente às futuras e pertencem àquele que nelas nutre a esperança. Sendo assim, por tais

motivos, dever-se-á distinguir a fé da esperança, em base a uma diferença racionalmente justificável mais do que terminológica. Pois o que diz respeito a não ver, quer sejam coisas que se creem, quer sejam coisas que se esperam, é comum à fé e à esperança. Na verdade, na *Carta aos Hebreus*, cujo testemunho foi usado por ilustres defensores da fé católica e da Regra, a fé é definida como *prova das coisas que não se veem* (Hb 11,1). Embora, quando alguém disser que acreditou, isto é, que se acomodou à fé, não nas palavras, não nos testemunhos nem em qualquer argumentação, mas nas evidências das coisas presentes, isso não deve ser considerado um absurdo, a ponto de corretamente se poder repreender seu modo de falar, dizendo: Tu viste, logo não acreditaste; donde não podemos concluir, podemos supor que tudo o que se crê não se possa ver. Mas é melhor chamar de fé aquela que nos foi ensinada pelas palavras divinas, quer dizer, crer nas coisas que não se veem. Também da esperança o Apóstolo diz: *Ora, a esperança que se vê, não é esperança, por que como esperar aquilo que se vê? E, se esperamos o que não vemos, com paciência o esperamos* (Rm 8,24). Portanto, quando se crê nos bens que nos são futuros, nada mais é do que esperá-los. E o que direi do amor, sem o qual a fé nada pode? Na verdade, a fé não pode existir sem o amor. Por fim, como diz o Apóstolo Tiago: *Também os demônios creem e tremem* (Tg 2,19), todavia não esperam nem amam: antes, crendo naquilo que esperamos e amamos, temem que isso há de acontecer.
Por isso também o Apóstolo Paulo aprova

e recomenda a fé, que opera por meio da caridade (cf. Gl 5,6) que, certamente não pode subsistir sem a esperança. Portanto, o amor não subsiste sem a esperança, nem a esperança sem o amor, nem o amor e a esperança sem a fé.

Que a crença da fé cristã não se refere às coisas da natureza, mas à bondade do Criador.

3. 9. Portanto, quando se pergunta qual seja o objeto da fé religiosa, não se deve iniciar por um tipo de pesquisa natural, à maneira daqueles que os Gregos chamam de físicos, nem devemos preocupar-nos com uma eventual ignorância do cristão sobre a propriedade e o número dos elementos, sobre o movimento, a ordem e os eclipses dos astros, sobre a forma do céu, sobre os gêneros e a natureza dos animais, dos vegetais, dos minerais, das fontes, dos rios e dos montes, sobre as dimensões espaciais e temporais, sobre os sinais iminentes de tempestades, ou outras mil coisas semelhantes que aqueles descobriram ou pensam ter descoberto. Porque, eles não descobriram todas as coisas, apesar de sua incomum genialidade, da pesquisa apaixonada e da disponibilidade de tempo livre, investigando algumas coisas em base a hipóteses puramente humanas e indagando em base à experiência histórica; e nos casos em que se gloriam de ter feito descobertas, na maioria das vezes trata-se mais de opiniões do que de verdadeiro saber. Ao cristão basta crer que a causa de todas as realidades criadas, celestes e terrestres, visíveis e invisíveis, é unicamente a bondade

do Criador, que é o único e verdadeiro Deus; que não existe nenhuma natureza fora dele ou que não dependa dele e que Ele é a única Trindade, isto é, Pai e o Filho gerado pelo Pai e o Espírito Santo, que procede do mesmo Pai, mas que é o único e mesmo Espírito do Pai e do Filho.

Que bens existem que foram criados pela suprema Trindade.

3. 10. Por esta suma, igual e imutavelmente boa Trindade foram criadas todas as coisas, que não são suma, igual e imutavelmente boas, embora sejam individualmente boas; globalmente consideradas, porém, são muito boas (cf. Gn 1,31), enquanto todas constituem a admirável beleza do universo.

Como Deus ordena o mal, ou qual é a definição do mal.

3. 11. Nessa beleza, também aquilo que é chamado de mal, que é bem-ordenado e posto em seu lugar, faz apreciar da maneira mais excelente as coisas boas, para que, comparadas às coisas más, mais agradem e sejam mais admiráveis. Afinal, nem Deus onipotente, que também os infiéis reconhecem: *Ele que tem o sumo poder sobre as coisas* (cf. VIRGÍLIO, *Aen.* 10,100), sendo sumamente bom, simplesmente não deixaria subsistir algo mau nas suas obras, se não fosse onipotente e bom a ponto de fazer o bem até do mal. Então, que outra coisa é aquilo que se chama mal, senão a privação do bem? Com efeito, para os corpos do seres

vivos, estar doentes ou feridos nada mais é do que perder a saúde; mas, quando se realiza a cura, isso não acontece porque os males existentes, isto é, as doenças e as feridas, retirem-se para outro lugar para ali subsistir, mas simplesmente desaparecem de todo; de fato, uma ferida ou uma doença não é uma substância em si, mas um defeito de uma substância carnal, enquanto que a carne é a própria substância e, sem dúvida, um bem determinado, ao qual aparecem aqueles males, isto é, a privação daqueles bens que se chamam saúde. Assim, todos os vícios das almas são privações de bens naturais: curá-los não significa transferi-los para outro lugar, mas aqueles que estavam aqui nunca mais se encontrarão, já que não se encontrarão no bem da saúde.

Expõe-se que são boas todas as naturezas feitas pelo sumo bem e por que e como a corrupção as prejudica.

4. 12. Por isso, todas as naturezas são boas, porque, na verdade, o Criador de todas as naturezas é bom. Mas porque, como seu Criador, não são suma e imutavelmente boas, nelas o bem pode diminuir ou aumentar. Todavia, a diminuição do bem é um mal, embora, seja qual for o grau de diminuição, é necessário que reste algo numa coisa (se a natureza ainda existe) a partir da qual a natureza subsista. Com efeito, seja qual for a natureza e por pouco que seja, o bem que a faz subsistir não pode consumir-se, a menos que ela própria se consuma. Certamente, louva-se com razão uma natureza incorrupta; por outro lado, não há dúvida de que se deve louvá-la ainda mais se ela for incorruptível e que, absolutamente, não possa corromper-se. Mas quando se corrompe, sua corrupção é um mal, porque está privada de algum bem. Porém, se não a priva de bem algum, não a prejudica; prejudica-a, porém, porque lhe tira algum bem. Portanto, quando uma natureza se corrompe, existe nela um bem do qual é privada e, por isso, se na natureza permanecer algo que não possa ser corrompido, será certamente uma natureza incorruptível e chega a um tão grande bem pela corrupção. No entanto, se não deixa de se corromper, de qualquer modo também não deixa de ter um bem do qual a corrupção possa privá-la. Mas se a natureza for radical e totalmente consumida, então já não subsistirá bem algum, pois não subsistirá mais natureza alguma. Por causa disso, a corrupção não pode consumir o bem senão consumindo a natureza. Portanto, toda a natureza é um bem, grande se não puder ser corrompido, pequeno se puder ser corrompido; todavia, não se pode negar que seja um bem, a não ser insensata e ignorantemente. Se a natureza desaparecer pela corrupção, nem a própria corrupção permanecerá, pois já não existiria a substância na qual possa subsistir.

Que nenhum mal pode existir se não existir nenhum bem, e que esta afirmação não é contrária ao pensamento profético.

4. 13. Por isso, se não existir nenhum bem, também não pode existir nada daquilo que é chamado de mal. Mas o bem que está

privado de todo o mal é um bem pleno; porém, se nele existir um mal, é um bem viciado e vicioso. E um mal nunca pode existir, onde não existir bem algum. Daí, chega-se a uma coisa admirável, porque cada natureza, enquanto é natureza, é um bem, afirmar que uma natureza defeituosa é uma natureza má, parece que equivaleria à afirmação de que é mal aquilo que é bem, e só aquilo que é bem; porque toda a natureza é um bem, não existiriam coisas más, se a própria coisa que é má não fosse uma natureza. Por isso, o mal não pode ser senão algum bem. Isso parece ser absurdo; todavia, a conexão desse raciocínio inevitavelmente nos obriga a dizer isso: e devemos cuidar-nos para não cair naquela sentença profética em que se lê: *Ai de vós os que ao mal chamais bem, e ao bem, mal, que tomais as trevas por luz e a luz por trevas, que tendes o amargo por doce e o doce por amargo* (Is 5,20). E, todavia, o Senhor diz: *O homem mau, do mau tesouro do seu coração, tira o mal* (Lc 6,45; cf. Mt 12,35). Ora, o que é um homem mau senão uma natureza má, pois o homem é uma natureza? Portanto, se o homem é um bem enquanto é uma natureza, o que é um homem mau senão um bem mau? Todavia, quando distinguimos esses dois aspectos, podemos constatar que não se trata de um mal enquanto homem, nem se trata de um bem enquanto é iníquo; mas é um bem porque é homem, um mal porque é iníquo. Portanto, quem diz: "É um mal ser um homem", ou "É um bem ser iníquo, esse cai no juízo do Profeta: *Ai daqueles que dizem que o bem é um mal e que o mal é um bem*", pois eles acusam a obra de Deus, que é o homem e louvam o vício do homem, que é uma iniquidade. Por isso, toda a natureza, mesmo que seja viciosa, enquanto é uma natureza é boa e enquanto viciosa é má.

Que tanto nos bens e nos males como nos contrários não se aplica a regra dos dialéticos, o que é a corrupção e que os males se originam dos bens.

4. 14. Por isso, nesses contrários, chamados males e bens, não se aplica a regra dos dialéticos, em base à qual dizem que a nenhuma coisa pertence, ao mesmo tempo, dois contrários. Ora, algo nunca é ao mesmo tempo tenebroso e lúcido, nenhum alimento ou bebida é ao mesmo tempo doce e amargo, nenhum corpo onde é branco é ao mesmo tempo preto; nenhum corpo onde é disforme é ao mesmo tempo bem formado. E isso se vê em muitos ou quase todos os contrários, pois não podem existir ao mesmo tempo numa mesma coisa. No entanto, mesmo que ninguém duvide de que os bens e os males são contrários, não só eles podem coexistir, mas é absolutamente impossível que os males subsistam sem os bens e fora deles, embora os bens possam existir sem os males. Com efeito, o homem ou o anjo podem não ser injustos, ainda que seja impossível ser injusto se não for homem ou anjo: o bem subsiste enquanto homem ou enquanto anjo, o mal subsiste enquanto injusto. E esses dois contrários convivem de tal maneira que se não existisse um bem ao qual pertencer, na verdade, não teria podido existir nem o mal, pois, se não existisse alguma coisa corruptível, a corrupção não só não teria lugar para se estabelecer, mas nem donde brotar; e se esta não fosse um bem, não poderia corromper-se, pois a corrupção nada mais é do que a destruição do bem. É dos bens, portanto, que brotam os males e não existem senão em alguns bens, nem poderia existir outra natureza do mal com uma origem diferente. Pois se existisse tal natureza, enquanto natureza, certamente seria boa; ou então, enquanto natureza corruptível seria um grande bem; ou ainda enquanto natureza corruptível não seria, absolutamente, outra coisa senão um bem e o dano da corrupção consistiria precisamente em poder corrompê-la.

Que não é contrário ao ensinamento do Senhor, pelo qual diz que uma árvore boa não pode produzir frutos maus, já que se diz que os males se originam dos bens.

4. 15. Mas quando dizemos que os males se originam dos bens, não se julgue que isso se oponha à afirmação do Senhor, pela qual disse: *Não pode uma árvore boa dar frutos maus* (Mt 7,18). De fato, como diz a Verdade, não se pode colher uvas de espinheiros (cf. Mt 7,16), pois não pode brotar uva de espinheiros, mas de uma terra boa vemos que podem nascer videiras e espinheiros. E dessa maneira, como uma árvore má, uma vontade má não pode produzir frutos bons, isto é, obras boas, mas da boa natureza do homem pode originar-se tanto uma vontade boa quanto uma vontade má. Por outro lado, uma vontade má não pode brotar originariamente senão da natureza boa do homem e do anjo. Também isso o próprio Senhor o manifestou de modo mais explícito no mesmo lugar onde fala da árvore e dos frutos, dizendo: *Ou dizei que a árvore é boa e seu fruto é bom; ou dizei que a árvore é má, e seu fruto é mau* (Mt 12,33); deixando muito claro que de uma árvore boa não podem nascer frutos maus e vice-versa, ainda que da mesma terra, à qual se referia, podem nascer ambas as árvores.

Para alcançar a felicidade não é preciso conhecer as causas dos movimentos físicos no mundo.

5. 16. Sendo assim, e visto que nos agrada aquele verso do Marão: *Feliz aquele que pode conhecer as causas das coisas* (VIRGÍLIO, *Geórgicas*, 2, 490), não nos parece que para conseguir a felicidade seja necessário conhecer as causas dos grandes movimentos físicos no mundo, ocultos nas mais escondidas dobras da natureza: *lá onde nasce o terremoto, cuja violência levanta os profundos mares, que, uma vez rompidas as margens, tornam a recompor-se em si mesmos* (VIRGÍLIO, *Geórgicas*, 2, 480-481), e outras coisas semelhantes. Devemos antes conhecer as causas das coisas boas e daquelas más, e isso nos limites que ao homem é concedido conhecer nesta vida, toda ela cheia de horrores e sofrimentos (cf. CÍCERO, *Hortensius*, fragm. 95), precisamente para fugir dos próprios erros e sofrimentos. Na verdade, devemos tender para aquela felicidade na qual não sejamos sacudidos por nenhum sofrimento, nem sejamos enganados por nenhum erro. Pois se, de fato, devêssemos conhecer as causas dos movimentos físicos, o conhecimento das causas de nossa saúde deveria ser anteposto a todos os outros;

mas se, na realidade, interpelarmos os médicos pelo fato de as ignorarmos, quem não vê quanta seja a paciência de ignorar todos os segredos celestes e terrestres que nos fogem?

Discussão de como possa precaver-se do erro.
5. 17. De fato, embora devamos precaver-nos do erro quanto pudermos, não só nas coisas grandes, mas também nas menores e, por mais que o erro seja possível, precisamente pela ignorância das coisas, não se segue imediatamente que erra quem ignora algumas coisas, mas quem crê saber o que não sabe; afinal, este aceita o falso como se fosse verdade, o que é próprio do erro (cf. Cícero, *Academica*, 2, 66). Porém, interessa muitíssimo em que matéria alguém erra. Pois, por uma justíssima razão, numa única e idêntica coisa prefere-se quem sabe a quem não sabe, e quem não erra a quem erra. Mas em coisas diferentes, isto é, quando um sabe uma coisa e outro conhece outra coisa, e o primeiro conhece uma coisa mais útil e o segundo, uma coisa menos útil, ou até prejudicial, nesse caso, quem não preferiria aquele que as ignora àquele que as sabe? Com efeito, existem coisas que é melhor ignorar do que conhecer. E ainda, por vezes a alguns tornou-se útil errar, mas no caminho dos pés, não no caminho dos costumes. Pois a nós mesmos aconteceu errar diante de uma encruzilhada e não tomar o caminho onde se haviam colocado a mão armada os Donatistas, aguardando a nossa passagem; portanto, aconteceu-nos chegar à meta depois

de um grande desvio e, tendo conhecimento de sua cilada, alegramo-nos pelo erro e agradecemos a Deus. Quem poderia duvidar de antepor um viajante que comete um erro a um ladrão que não erra? Talvez, por isso aquele supremo poeta faz um amante infeliz dizer: *Assim que te vi, senti-me perdido, e um mau erro me arrebatou* (Virgílio, Églogas, 7, 41), porque existe também um erro bom, que não só não prejudica, mas também é de alguma utilidade. Porém, numa consideração mais atenta da verdade aparece que errar não é outra coisa senão ter por verdadeiro o que é falso e ter por falso o que é verdadeiro, ou ter o certo por incerto e o incerto por certo, quer seja falso ou verdadeiro, e isso, numa alma, é indecoroso e indecente, na medida em que percebemos que é belo e digno o *Sim, sim; não, não* (Mt 5,37), com quem se fala ou se aprova. Realmente, a infelicidade desta nossa vida, que estamos vivendo, depende precisamente do fato de que, por vezes, o erro é necessário para não a perder. Não seja assim, porém, aquela vida na qual a verdade é a vida de nossa alma (cf. Jo 14,6), uma vida na qual ninguém engana, nem é enganado. Aqui, porém, os homens enganam e são enganados e são mais infelizes quando enganam com a mentira do que quando são enganados por crer naqueles que mentem. Todavia, uma natureza racional rejeita a falsidade e, quanto possível, evita o erro, para que nem os que gostam de enganar queiram ser enganados. Afinal, aquele que mente não pensa que está no erro, mas que leva ao erro aquele que crê nele. Certamente, ele não erra naquilo que escondeu com a mentira, se souber o que é a verdade, mas engana-se precisamente porque julga que a mentira não o prejudica, quando o pecado prejudica mais quem o comete do que quem o sofre.

Um problema muito difícil: se o trabalho do homem justo inclui que, às vezes, minta.

6. 18. Aqui surge uma dificílima e muito obscura questão, que já enfrentamos num grande livro, quando a necessidade nos obrigou a dar uma resposta: se os trabalhos do homem justo, por vezes, incluem a possibilidade de mentir. De fato, alguns avançam a ponto de sustentar que, por vezes, perjurar e mentir é uma ação boa e piedosa, também quando se trata de coisas que se referem ao culto divino e à própria natureza de Deus. Na minha opinião, porém, toda a mentira é, certamente, um pecado, mas interessa muito a intenção e sobre que coisas se mente. Quem mente com a vontade de prestar um serviço, não peca como aquele que o faz com a vontade de prejudicar, ou o dano causado por quem, mentindo, põe o viajante numa outra estrada não equivale àquele de quem distorce o caminho da vida com uma mentira enganadora. Portanto, ninguém que afirme o falso considerando-o verdadeiro, deve ser acusado de mentir, porque, no que depende dele, ele não engana, mas é enganado. Por isso, não deve ser acusado de mentira, mas de alguma temeridade aquele que considera verdadeiras as coisas falsas, às quais, incautamente, deu crédito. Antes, ao contrário, é uma grande mentira daquele que diz ser verdadeiro aquilo que considera falso. Porém, no que se refere à sua intenção, porque não sente o que diz, não diz a verdade, embora pareça verdade aquilo que diz; nem está totalmente livre de mentira aquele que, ignorando, diz a verdade por palavras, mas mente com vontade deliberada. Logo, não considerando as coisas das quais se fala e referindo-nos somente à intenção, aquele que, estando na ignorância, diz o falso considerando-o verdadeiro, é melhor do que quem conscientemente cultiva a intenção de mentir, ignorando que aquilo que diz é verdadeiro: de fato, o primeiro tem nos lábios aquilo que tem no coração, enquanto o segundo, independentemente das próprias coisas que diz, não manifesta pela boca aquilo que mantém fechado dentro de si (cf. SALÚSTIO, *De coniuratione Catilinae*, 10), e este é o mal próprio daquele que mente. Mas em consideração às coisas que se dizem, torna-se importante a própria matéria do engano ou da mentira, a ponto de, ainda que ser enganado seja um mal menor em relação ao mentir no que se refere à vontade subjetiva, todavia, é muito mais aceitável mentir naquilo que não tem implicações religiosas, do que se enganar naquilo em que se deve ter fé ou conhecimento para poder venerar a Deus. Mostrando isso por exemplos, consideremos o caso em que alguém, mentindo, declare vivo alguém que está morto, e um outro, enganando-se, crê que Cristo, depois de um lapso impreciso de tempo, há de morrer uma segunda vez: não é, talvez, incomparavelmente preferível mentir no primeiro caso do que se enganar no segundo e não é um mal muito menor induzir alguém naquele erro, antes de ser induzido a este por outros?

Se nas coisas em que somos enganados devem ser acrescentados os pecados.

6. 19. Portanto, em certos casos, o engano no qual caímos é um grande mal, em outros é pequeno, em outros o mal é nulo, em outros ainda é até algum bem. Pois é um grande mal aquele pelo qual o homem se engana, quando não crê naquilo que conduz à vida eterna, ou crê naquilo que conduz à morte eterna; trata-se, porém, de um mal pequeno quando quem se engana, aceitando o falso como se fosse verdadeiro, incorre em algumas penas temporais, mas que, usando a paciência cristã, converte-as em uso bom; como quando alguém, julgando que seja boa uma pessoa que realmente é má, recebe dela algum mal. Porém, quem considera má uma pessoa realmente tão boa a ponto de não receber mal algum, não é absolutamente enganado e não cai sob os golpes da maldição do Profeta: *Ai daquele que chama o mal de bem* (Is 5,20). De fato, deve-se compreender que isso foi dito das coisas pelas quais os homens são maus, não dos próprios homens. Daí que é justamente condenado pela palavra do Profeta quem afirma que o adultério é um bem; mas quem diz que é bom o próprio homem que considera ser casto, sem saber que é adúltero, não se engana em relação à doutrina do bem e do mal, mas, em relação aos segredos da conduta humana, considerando bom o homem no qual percebe algo que reconhece como bem, definindo mau quem é adúltero e bom quem é casto, mas define bom este homem, sem saber que é adúltero, e não casto. Por outro lado, se por erro alguém escapa de um perigo, como disse acima que nos aconteceu numa viagem, pelo erro daquele homem aconteceu um bem. Mas quando afirmo que em alguns casos o engano não comporta algum mal, ou até algum bem, não entendo dizer que é o erro em si que não comporta algum mal ou algum bem; refiro-me antes ao mal que não advém ou ao bem que resulta através do erro, quer dizer, o que não resulta ou o que deriva do erro em si. Afinal, o erro em si e por si mesmo, seja grande em coisa grande, ou pequeno em coisa pequena, é sempre um mal. Com efeito, quem poderia negar, a não ser por erro, que seja um mal aprovar o falso como verdadeiro ou reprovar o verdadeiro como falso, ou tomar o incerto como certo e o certo como incerto? Mas, uma coisa é considerar bom um homem mau, que é próprio do erro, e bem outra coisa é não sofrer desse mal um mal ulterior, se nada prejudica um homem mau considerado bom. Igualmente, uma coisa é considerar um caminho aquele que caminho não é; outra, o fato de que do mal, constituído por este erro, deriva algum bem, como se livrar das ciladas de homens maus.

Quando alguém pensa bem de um homem mau, ou quando alguém é enganado com coisas semelhantes.

7. 20. Realmente, não sei se também estes podem ser erros: quando um homem pensa bem de um homem mau, sem de fato conhecê-lo; ou quando percebemos pelos sentidos corporais imagens semelhantes, mas percebidas pelo espírito quase materialmente, ou pelo corpo quase espiritualmente (como o Apóstolo Pedro julgava serem as coisas que estava vendo, quando, de repente, foi libertado das prisões e das correntes por obra de um anjo – cf. At 12,7); ou quando nas próprias coisas materiais julga-se ser delicado aquilo que é áspero, ou doce o que é amargo, ou cheirar bem o que é pútrido, ou que troveje quando passa uma carroça, ou que uma pessoa seja outra quando dois são semelhantes, como muitas vezes acontece com os gêmeos; donde vem a expressão: *Um erro agradável aos pais* (Virgílio, *Aen*. 10, 392); e outros casos semelhantes que não sei se devam chamar-se pecado. Também não aceitei deslindar agora uma complicadíssima questão que atormentou homens muitos perspicazes como os Acadêmicos, isto é, se o sábio deve, de fato, admitir algo para evitar de cair no erro, admitindo o falso em lugar do verdadeiro, já que todas as coisas, segundo afirmam, estão ocultas ou são incertas. Por isso, compus três volumes no início de minha conversão, para que não nos fosse um obstáculo aquilo que opunham, como que na porta da fé; certamente, devia remover a desconfiança para encontrar a verdade, que parece reforçar-se graças a seus argumentos. Portanto, entre eles, todo o erro era considerado pecado, que julgavam ser inevitável se não se suspender todo o assentimento. Na verdade, dizem, erra quem consentir em coisas incertas: com efeito, com polêmicas muito sutis, e também com os mais despudorados conflitos, sustentam que não existe nada de certo nas visões dos homens, por causa de uma semelhança que não permite reconhecer o falso, mesmo na eventualidade de que aparência e verdade coincidam. Entre nós, porém, *o justo vive da fé* (Rm 1,17; cf. Hab 2,4; Hb 10,38). Mas se for tirado o assentimento, tira-se a fé, pois sem o assentimento não se crê em nada. E existem verdades que, embora não se vejam, se não se acreditar, é impossível conseguir a vida feliz que, necessariamente, é eterna. Aliás, não sei se devemos conversar com estes que não só não sabem se hão de viver eternamente, mas também se vivem no presente: e até dizem ignorar aquilo que não podem ignorar. Afinal, a ninguém se permite ignorar que vive, já que, se não vive também não pode ignorar alguma coisa, pois é próprio do ser vivo não só saber, mas também ignorar. Evidentemente, porém, ao não assentir que vivem, parecem querer evitar o erro, embora também errando provam que vivem: porque quem não vive, não pode errar. Portanto, não só é verdade, mas também é certo, que vivemos, do mesmo modo existem muitas coisas verdadeiras e certas, e que lhes negar o próprio assentimento jamais deve ser considerado um ato de sabedoria, mas um ato de loucura.

Nas coisas que erramos, não pecamos, embora o próprio erro pertença à miséria desta vida.

7. 21. Ora, quanto às coisas nas quais é irrelevante crer ou não crer para alcançar o reino de Deus, como também se são, ou se julgam ser, verdadeiras ou falsas, não se deve supor que errar nesses casos, isto é, tomar uma coisa por outra, seja pecado, ou se for, é pequeno e levíssimo. Por fim, seja qual for sua natureza e sua gravidade, o pecado não pertence ao caminho pelo qual vamos a Deus, isto é, ao caminho da fé em Cristo, que opera por meio da caridade (cf. Gl 5,6). E não se desviava daquele caminho o agradável erro dos pais a propósito dos filhos gêmeos; nem se afastava o Apóstolo Pedro quando, crendo ter uma visão, trocava uma coisa por outra, a ponto de não reconhecer entre as imagens dos corpos entre os quais cria encontrar-se, senão quando dele se afastou o anjo pelo qual fora libertado (cf. At 12,9ss.); também não se afastava daquele caminho o patriarca Jacó, quando acreditava que tivesse sido morto por uma fera o filho que estava vivo (cf. Gn 37,33). Nestas e em outras falsidades semelhantes, salva a fé que temos em Deus, nós nos enganamos e erramos, mesmo sem abandonar o caminho que conduz a Ele. Tais erros, ainda que não sejam pecados, são, porém, debitáveis aos males desta vida, de tal modo sujeita à vaidade (cf. 8,20) que nela se aceita o falso como verdadeiro, rejeita-se o verdadeiro pelo falso, mantém-se o incerto pelo certo. Pois, embora esses erros sejam estranhos àquela fé verdadeira e certa pela qual tendemos à felicidade eterna, não são, todavia, estranhos àquela infelicidade em meio à qual agora nos encontramos. Na verdade, de modo algum nos enganaremos em alguma percepção espiritual ou material, se já gozarmos daquela felicidade verdadeira e perfeita.

Como cada mentira é um pecado, ou como aqueles que, embora cometam um pecado venial, mentem somente para a salvação do homem.

7. 22. Na verdade, deve-se dizer que toda a mentira é um pecado, pois o homem, não só quando sabe o que é verdadeiro, mas também quando erra e se engana, como todo o homem, deve dizer o que lhe vai no coração, quer isso seja considerado verdadeiro ou falso. Porém, quem mente com a intenção de enganar fala o contrário daquilo que sente no coração. E, de qualquer modo, as palavras não foram instituídas para que os homens se enganem mutuamente, mas para que cada um leve os próprios pensamentos ao conhecimento dos outros. Portanto, usar as palavras para enganar, e não para o que foram instituídas, é pecado. Nem se deve pensar que uma mentira não seja pecado, porque mentindo, às vezes, podemos ser úteis a alguém. Com efeito, podemos fazer isso também roubando, quando o pobre, ao qual publicamente se dá, sente vantagem, e o rico, do qual se tira às escondidas, não perceba o prejuízo: mas nem por isso alguém poderia dizer que não é pecado. Podemos fazer isso também adulterando, quando uma mulher parece estar morrendo de amor se não for atendida no que deseja e parece estar pronta a purificar-se com o arrependimento se continuar a viver: nem por isso se poderá negar que tal adultério seja pecado. Mas se, com razão, a castidade nos agrada, porque nos desagrada a verdade, de modo a não violar a primeira para vantagem dos outros e violar a segunda com a mentira? Na verdade, não se pode negar que muito progrediram no bem os homens que mentiram unicamente pela salvação de alguém; mas em tal progresso deles, o que com razão se louva, ou até se recompensa no plano temporal, é a benevolência, não o engano; e isso basta que seja perdoado, mas não que seja exaltado, sobretudo pelos herdeiros do Novo Testamento, aos quais se diz: *Seja o vosso falar: Sim, sim; não, não. Tudo o que passar disso, procede do maligno* (Mt 5,37). Por causa desse mal, que jamais cessa de insinuar-se nesta condição de mortais, também os próprios herdeiros de Cristo (cf. Rm 8.17) dizem: *Perdoai-nos as nossas dívidas* (Mt 6,12).

Quais são as causas das coisas boas e quais das coisas más.

8. 23. Portanto, após ter tratado desses problemas com a necessária brevidade, porque devemos conhecer as causas das coisas boas e das coisas más quanto seja suficiente para o caminho que nos conduz ao reino onde a vida será sem morte, a verdade sem erro, a felicidade sem perturbação, não devemos, de modo algum, duvidar que a causa das coisas boas que nos tocam é somente a bondade de Deus; enquanto que das coisas más é a vontade de um bem mutável que abandona um bem imutável, primeiro no anjo, depois no homem.

Qual é o primeiro mal da criatura racional e que coisas seguem a esse mal.

8. 24. O primeiro mal da criatura racional é este, isto é, a primeira privação do bem. Depois, mesmo involuntariamente, insinuam-se a ignorância das coisas a serem feitas e a concupiscência das coisas prejudiciais, às quais se associam como companheiros o erro e a dor que, quando são percebidos como iminentes, o movimento da alma que afugenta esses dois males chama-se medo. A alma, por sua vez, quando chega à realização dos próprios desejos, embora perniciosos e fúteis, porque pelo erro não sente isso, é vencida por um prazer doentio ou até agitada por uma vã alegria. Desses males, que não são fontes de superabundância, mas de indigência, emana para a natureza racional toda a infelicidade.

Que o homem tem como pena própria a morte do corpo.

8. 25. Todavia, tal natureza, em meio a esses males, não pôde perder o desejo à felicidade. Na verdade, esses males são comuns aos homens e aos anjos, condenados pela justiça do Senhor conforme sua malícia. Mas o homem tem ainda uma pena própria, segundo a qual é punido também com a morte do corpo. Deus lhe havia cominado o suplício da morte se pecasse (cf. Gn 2,17), dotando-o de livre-arbítrio, mas de maneira que seu comando o guiasse, a perdição o amedrontasse, e o colocou na felicidade do paraíso (cf. Gn 2,15), como uma sombra de vida, de onde, tendo observado a justiça, pudesse subir para realidades melhores.

Que o pecado originalmente de Adão passou para os pósteros.

8. 26. Banido daqui depois do pecado, ligou com a pena da morte e da condenação também a própria estirpe que, pecando, havia contaminado em si mesmo e como que na raiz: assim, toda a sua prole nascida dele e de sua esposa (condenada também ela, porque foi para ele ocasião de pecado), através daquela concupiscência carnal à qual se fazia corresponder uma pena semelhante à sua desobediência, teria trazido consigo o pecado original, e este, por sua vez, tê-lo-ia levado, através de vários erros e dores, ao castigo extremo e sem fim junto com os anjos rebeldes, com seus corruptores, patrões e cúmplices. Assim, *por um só homem entrou o pecado neste mundo e pelo pecado a morte; e assim a morte passou a todos os homens, porque nele todos pecaram* (Rm 5,12). Na verdade, porém, o Apóstolo chamou todo o gênero humano de mundo.

Como a massa do gênero humano pela ira de Deus jazia nos males, pagando junto com os anjos rebeldes as justíssimas penas, permanecendo neles a bondade do Criador.

8. 27. Portanto, as coisas estavam assim: toda a massa condenada do gênero humano jazia nos males, ou, também, revolvia-se neles, precipitando-se de mal em mal e, junto com a parte dos anjos que haviam pecado, pagava penas mais do que merecidas pela própria ímpia deserção. Na verdade, pertence à justa ira de Deus tudo aquilo que os maus realizam de boa vontade com cega e indômita concupiscência e tudo aquilo que de má vontade sofrem com penas explícitas e manifestas. Certamente, a bondade do Criador não cessará de transmitir também aos anjos maus a vida e um poder vivo, sem a transmissão das quais eles perecerão; e embora não cesse de formar e animar os gérmens vitais dos homens, mesmo que nasçam de uma estirpe corrupta e condenada, também não deixa de organizar seus membros segundo as idades dos tempos e os espaços dos locais, de vivificar os sentidos, de garantir-lhes os alimentos. Com efeito, julgou melhor fazer o bem a partir do mal e não permitir que existisse algum mal. E se, na verdade, Deus não quisesse alguma melhora para os homens, assim como não existe para ao anjos ímpios, será que não seria justo que fosse por Ele inteiramente abandonada para sempre, expiando uma pena eterna e proporcionada, aquela natureza que abandonou a Deus e, usando mal de um poder, calcou e transgrediu o ensinamento de seu Criador, que teria podido observar com a maior facilidade, que profanou em si mesma a imagem de seu Criador, depois de pertinazmente se afastar de sua luz, que, em virtude do mau uso do livre-arbítrio, separou de suas leis toda a salutar submissão? Sem dúvida, teria feito isso, se além de justo não fosse também misericordioso e se não mostrasse muito mais claramente a sua misericórdia gratuita libertando sobretudo os indignos.

Que alguns anjos caíram pela soberba, os que restaram na certíssima estabilidade receberam a perpétua felicidade.

9. 28. Por isso, alguns anjos que pela ímpia soberba abandonaram a Deus e foram lançados de sua suprema habitação celeste para a mais baixa obscuridade, o restante dos anjos permaneceu com Deus na eterna felicidade e santidade. Com efeito, os outros anjos não se propagaram de um só anjo caído e condenado, de modo que, como os homens, um mal original os vinculasse a uma culpa que se transmite, arrastando-os todos para as devidas penas; mas depois do ato de soberba daquele que foi transformado em diabo, cometido com cúmplices de impiedade, todos os outros, com piedosa obediência, uniram-se ao Senhor, recebendo também uma ciência certa, que os primeiros não tiveram, graças à qual puderam estar certos de uma estabilidade eterna e que jamais cairia.

Que o número dos anjos bons que foram divinamente substituídos pelos homens depois da ruína dos maus, e que este número é conhecido por Deus.

9. 29. Assim, agradou a Deus, Criador e Senhor do universo, que, porque nem toda a multidão dos anjos perecera por tê-lo abandonado, a multidão que se perdera permanecesse na eterna perdição; porém, aquela parte que permaneceu com Deus no momento da deserção dos outros, gozasse para sempre de sua futura felicidade, conhecida com absoluta certeza; enquanto que a outra criatura racional, constituída pelos homens, que se havia totalmente perdido pelos pecados e pelos castigos, originais ou pessoais, parcialmente reabilitada, preenchesse o vazio deixado na sociedade angélica por aquela queda diabólica. De fato, aos santos que ressurgissem foi prometido que seriam iguais aos anjos de Deus (cf. Lc 20,36). Assim, a Jerusalém superior, a nossa mãe, a cidade de Deus, não será fraudada no número de seus cidadãos ou, talvez, reinará sobre uma multidão ainda mais numerosa. E não conhecemos o número dos santos homens, nem dos demônios imundos que, entrando em seu lugar, substituirão sem limite algum de tempo os filhos daquela santa mãe que parecia estéril sobre a terra (cf. Is 54,1), naquela paz da qual aqueles caíam. Mas o número daqueles cidadãos, que agora é e que será no futuro, é objeto de contemplação de seu artífice, que chama todas as coisas que não são como as que são (cf. Rm 4,17) e que dispõe todas as coisas na medida, no número e no peso (cf. Sb 11,21).

Que pelo Filho de Deus o gênero humano possa ser libertado.

9. 30. Mas, será que esta parte do gênero humano, à qual Deus promete a libertação e o reino eterno, pode reabilitar-se por força dos méritos de suas próprias obras? De modo algum! Que boas obras pode realizar aquele que estava perdido, a não ser na medida em que for libertado de sua perdição? Poderá fazê-lo graças ao livre-arbítrio da vontade? Também isso não é possível:

afinal, abusando do livre-arbítrio, o homem perdeu a si mesmo e o próprio livre-arbítrio. Mas, assim como quem se mata, só se mata se estiver vivo; porém, matando-se já não vive, nem pode ressuscitar a si mesmo se estiver morto; do mesmo modo, pecando graças ao livre-arbítrio, foi perdido o livre-arbítrio pelo triunfo do pecado. *Pois se é escravo daquele por quem se foi vencido* (2Pd 2,19). Certamente, este pensamento é do Apóstolo Pedro e sendo ele verdadeiro, pergunto-me se a liberdade de um escravo sujeitado não se reduz senão ao prazer do pecado? Serve livremente quem cumpre com prazer a vontade de seu patrão; por isso é livre para o pecado quem é escravo do pecado. Consequentemente, será livre de agir com justiça somente quem tiver começado a ser escravo da justiça, uma vez libertado do pecado. Esta é a verdadeira liberdade, porque brota da alegria de agir corretamente e, ao mesmo tempo, é uma piedosa servidão por causa da obediência ao ensinamento. Mas, de onde virá ao homem sujeito e vendido a liberdade de fazer este bem se não for redimido por aquele cuja voz diz: *Se o Filho vos libertar, sereis verdadeiramente livres* (Jo 8,36)? E antes que isso comece a acontecer no homem, como poderá gloriar-se de uma obra boa que brote do livre-arbítrio quem ainda não é livre para agir bem sem ostentar com presunção uma vazia soberba? É o que o Apóstolo reprime quando diz: *Fostes salvos pela graça mediante a fé?* (Ef 2,8).

**Que também a fé, da qual provêm
as boas obras, é obra da graça.**

9. 31. E para que os homens não atribuam a si a própria fé, a ponto de não compreender que é um dom divino, conforme o mesmo Apóstolo em outro lugar diz que alcançou a misericórdia por ser fiel (cf. 1Cor 7,25), aqui também acrescentou e disse: *E isso não vem de vós, porque é um dom de Deus, não pelas vossas obras, para que ninguém se glorie* (Ef 2,8-9). E para não julgarem que os fiéis podem permanecer sem boas obras, acrescentou novamente: *Somos imagem sua, criados em Cristo Jesus para as obras boas que Deus predispôs para caminharmos nelas* (Ef 2,10). Assim, portanto, tornamo-nos verdadeiramente livres, na medida em que Deus nos plasma, isto é, nos forma e nos cria, não para sermos homens, que já nos fez, mas para sermos homens bons; aquilo que agora faz a sua graça, para sermos em Cristo uma nova criatura (cf. 2Cor 5,17), segundo o que foi dito: *Cria em mim, ó Deus, um coração puro* (Sl 50,12). E, de fato, não é que seu coração, no que se refere à natureza do coração humano, Deus já não o tenha criado.

**Que é Deus quem age em nós para querer
e realizar, conforme testemunham muitas
vezes o Apóstolo e toda a Escritura divina.**

9. 32. Igualmente, para que ninguém se glorie, não digo das obras, mas do próprio livre-arbítrio da vontade, como se dele nascesse um mérito, que a liberdade de fazer o bem espera

como prêmio devido, ouça as palavras do mesmo arauto da graça: *Porque Deus é que opera em vós o querer e o executar, segundo sua boa vontade* (Fl 2,13). E em outro lugar: *Logo, não depende do que quer, nem do que corre, mas de Deus, que usa de misericórdia* (Rm 9,16). Mas não há dúvida de que um homem, se já alcançou a idade em que se tem o uso da razão, não poderia crer, esperar e amar se não o quisesse, nem chegar à palma da celeste vocação de Deus se não correr com a vontade (cf. Fl 3,14): como é, pois, possível que não dependa do que quer, nem do que corre, mas da misericórdia de Deus, senão porque a própria vontade, conforme está escrito, é predisposta pelo Senhor? (cf. Pv 8,35 – segundo a LXX). Além disso, foi-se dito: *Não depende do que quer, nem do que corre, mas de Deus, que usa de misericórdia*, porque acontece por obra de ambas, isto é, da vontade do homem e da misericórdia de Deus, para que assim entendamos o que foi dito: *Não depende do que quer, nem do que corre, mas de Deus que usa de misericórdia*, como se dissesse: Não basta só a vontade do homem, se não houver também a misericórdia de Deus e, portanto, não basta só a misericórdia de Deus se não houver também a vontade do homem; e, por isso, se corretamente foi dito: Não depende do homem que quer, mas de Deus que usa de misericórdia, por que só a vontade do homem não preenche, por que, ao contrário, não é justo dizer: Não depende de Deus, que usa de misericórdia, mas do homem que quer, por que só a misericórdia de Deus não preenche? Certamente, se nenhum cristão ousa afirmar: Não depende de Deus, que usa de misericórdia, mas da vontade do homem, para não contradizer abertamente o Apóstolo, resta que, para entender corretamente o que foi dito: Não depende do que quer, nem do que corre, mas de Deus que usa de misericórdia, atribua-se tudo a Deus, que predispõe a boa vontade do homem e a sustenta depois de tê-la predisposto. Com efeito, a boa vontade do homem precede muitos dons de Deus, mas não todos, e ela mesma está entre aquelas que não precede. Ora, de ambas se lê nas santas Escrituras: *Sua misericórdia me precede* (Sl 58,11) e: *Sua misericórdia me segue* (Sl 22,6): precede quem não quer para que queira, segue quem quer para que não queira em vão. Mas por que somos admoestados a rezar pelos nossos inimigos (cf. Mt 5,14), sobretudo pelos que não querem viver piedosamente, senão para que Deus opere neles também o querer? Igualmente, por que somos exortados a pedir para receber (cf. Mt 7,7), senão para que seja feito aquilo que queremos por aquele ao qual se deve o nosso querer? Portanto, rezamos pelos nossos inimigos para que a misericórdia de Deus os preceda assim como precedeu também a nós, mas rezemos também por nós para que sua misericórdia nos siga.

Que, pela justa condenação, o gênero humano seja mantido sob a ira de Deus até que venha o Salvador, que nos libertaria dessa ira.

10. 33. Por isso, o gênero humano estava sob uma justa condenação e todos eram filhos da ira, da qual estava escrito: *Por isso, todos os nossos dias se desvaneceram e fomos consumidos pela tua ira. Os nossos anos serão considerados como uma teia de aranha* (Sl 89,9). Dessa ira também Jó fala: *O homem, nascido da mulher, tem uma vida breve e é cheio de ira* (Jó 14,1). Dela também o Senhor Jesus diz: *O que crê no Filho tem a vida eterna, mas o que não crê no Filho, não tem a vida e, sobre Ele permanece a ira de Deus* (Jo 3,36); não diz: *Virá,* mas: *Permanece sobre Ele.* Ora, todo o homem nasce com ela e, por isso, o Apóstolo diz: *Éramos por natureza filhos da ira, como todos os outros* (Ef 2,3). Estando os homens nessa ira pelo pecado original, numa condição tanto mais grave e perniciosa quanto maiores e mais numerosos eram os pesos sobre eles, era necessário um mediador, isto é, um reconciliador que aplacasse essa ira com a oferta de um sacrifício único, do qual todos os sacrifícios da Lei e dos Profetas eram uma sombra. Daí que o Apóstolo diz: *Porque se, sendo nós inimigos, fomos reconciliados com Deus pela morte de seu Filho, muito mais, estando já reconciliados, seremos salvos da ira por meio dele* (Rm 5,9-10). Porém, quando se diz que Deus se irou, não significa uma perturbação sua, como acontece na alma de um homem que se enraiveça, antes por uma metáfora tirada das emoções humanas, a punição, que é mais do que justa, tomou o nome de cólera. Portanto, enquanto nos reconciliamos com Deus por meio de um mediador e recebemos o Espírito Santo, para que de inimigos nos transformemos em filhos: *Todos aqueles que são conduzidos pelo Espírito de Deus, são filhos de*

Deus (Rm 8,14): esta é a graça de Deus por meio de Jesus Cristo, nosso Senhor.

O admirável sacramento do Mediador.

10. 34. Seria longo falar desse mediador e dizer tudo o que é digno dele, embora ao homem não seja possível dizê-lo dignamente. Pois, quem poderia explicar com palavras adequadas que *o Verbo se fez carne e habitou entre nós* (Jo 1,14), para que creiamos no único Filho de Deus Pai onipotente, nascido do Espírito Santo e da Virgem Maria? Na verdade, assim o Verbo se fez carne, tendo sido a carne assumida pela divindade, mas não a divindade transformada em carne. De fato, aqui devemos entender carne como homem, segundo a expressão na qual a parte está para o todo, conforme está dito: *Porque pelas obras da Lei não será justificada nenhuma carne* (Rm 3,20), isto é, nenhum homem. De fato, é lícito dizer que naquela assunção nada faltou à natureza humana, mas foi uma natureza absolutamente livre de todo o nexo de pecado: não como aquela nascida da união de ambos os sexos por meio da concupiscência da carne com a obrigação do pecado, cuja culpa é lavada pela regeneração, mas como convinha nascer de uma virgem, concebida pela fé da mãe e não pela paixão. Mas se ao nascer tivesse sido comprometida a sua integridade, já não teria nascido de uma virgem e, coisa impensável, de maneira falsa toda a Igreja confessaria que Ele nasceu da Virgem Maria, aquela Igreja que, imitando sua mãe, dá à luz os seus membros, mesmo permanecendo virgem. Se te agrada, lê as minhas cartas sobre a virgindade da santa Maria, enviadas a Volusiano, um homem ilustre que nomeio com honra e afeto.

As duas naturezas que constam na única pessoa do Filho de Deus.

10. 35. Por isso, Jesus Cristo, Filho de Deus, é tanto Deus quanto homem: Deus antes de todos os séculos, homem no nosso século; é Deus porque Verbo de Deus, pois *o Verbo era Deus* (Jo 1,1), homem, porém, porque na unidade da pessoa uniu-se ao Verbo, alma racional e carne. Daí que enquanto é Deus, Ele e o Pai são uma coisa só (cf. Jo 10,30), mas enquanto é homem, o Pai é maior do que Ele (cf. Jo 14,28). Porém, sendo o único Filho de Deus, não por graça, mas por natureza, para ser igualmente cheio de graça (cf. Jo 1,14), tornou-se também filho do homem e sempre Ele é um e outro, de um e do outro, único Cristo, porque, *existindo na forma de Deus, não julgou que fosse uma rapina o seu ser igual a Deus, mas aniquilou-se a si mesmo, tomando a forma de servo* (Fl 2,6-7), sem perder ou diminuir a condição divina. Por isso, faz-se menor e permaneceu igual, único a ser um e outro, como se disse. Mas um é enquanto Verbo, outro enquanto homem: enquanto Verbo é igual, enquanto homem, inferior; único Filho de Deus e, também, filho do homem; único filho do homem e, também, Filho de Deus, não dois filhos de Deus, Deus e homem, mas um único Filho de

Deus, Deus sem início, homem de um início certo, o Senhor nosso Jesus Cristo.

Qual é o evidente indício da abundante graça de Deus que, numa única natureza, prometeu ao homem Cristo.

11. 36. Aqui, recomenda-se a graça de Deus de modo absolutamente sublime e explícito. Com efeito, que méritos teve a natureza humana no homem Cristo para que fosse assumida individualmente na unidade da pessoa do Filho único de Deus? Que boa vontade, que especial boa intenção, que boas obras anteriores garantiram a esse homem o mérito de se tornar uma única pessoa com Deus? Será que anteriormente foi um homem e lhe foi concedido este singular benefício, para que singularmente fosse digno de ser Deus? Naturalmente, quando começou a ser homem, não a ser outra coisa senão o Filho de Deus, e Filho único e, por causa de Deus, Verbo que, depois de ter assumido a humanidade, tornou-se carne, embora sempre Deus; e como qualquer homem é uma só pessoa, isto é, alma racional e carne, assim também Cristo é uma só pessoa, Verbo e homem. De onde provém à natureza humana tamanha glória, indubitavelmente gratuita por não terem existido méritos precedentes, senão pelo fato de aqui se manifestar com evidência, a quem considere a coisa fiel e lucidamente, a grande e única graça de Deus e para que assim os homens compreendam que são justificados dos pecados pela mesma graça pela qual o homem Cristo não podia ter nenhum pecado? Assim também o anjo saudou sua mãe quando lhe preanunciou o futuro nascimento: *Ave* – disse – *cheia de graça;* e pouco depois: *Achaste graça diante de Deus* (Lc 1,28.30). Na verdade, diz-se que esta é cheia de graça e encontrou a graça diante de Deus para ser a mãe de seu Senhor, e até do Senhor de todos. Do próprio Cristo, porém, depois de ter dito: *E o Verbo se fez carne e habitou entre nós*, o Evangelista João diz: *E nós vimos a sua glória, glória como do Unigênito do Pai, cheio de graça e de verdade* (Jo 1,14). Quando diz: *o Verbo se fez carne*, isto é, *cheio de graça;* e quando diz: *Glória do Unigênito do Pai*, isto é, *cheio de verdade*. Realmente, a própria Verdade, o Unigênito Filho de Deus, não por graça, mas por natureza, assumiu o homem em tamanha unidade de pessoa que Ele próprio pôde ser também filho do homem.

Mostra-se também que por graça se diz ter nascido do Espírito Santo.

11. 37. Ora, o mesmo Jesus Cristo, unigênito Filho de Deus, isto é, único, Senhor nosso, nasceu do Espírito Santo e da Virgem Maria. E, certamente, o Espírito Santo é dom de Deus, sem dúvida igual a quem o doa e, por isso, também o Espírito Santo é Deus, não inferior ao Pai e ao Filho. E, portanto, o fato de o nascimento humano de Cristo proceder do Espírito Santo, não é, talvez, a manifestação da mesma graça? Pois quando a Virgem perguntou ao anjo como poderia acontecer o que lhe anunciava, já que ela não conhecia homem, o anjo lhe respondeu: *O Espírito Santo descerá sobre ti e a virtude do Altíssimo te cobrirá com sua sombra; por isso, o Santo que há de nascer de ti será chamado Filho de Deus* (Lc 1,35). E quando José queria repudiá-la, suspeitando um adultério, sabendo que a gravidez não dependia dele, recebeu do anjo esta resposta: *Não temas receber Maria, tua esposa, em tua casa, porque o que nela foi concebido é obra do Espírito Santo* (Mt 1,20), isto é, aquilo que suspeitas ser de outro homem depende do Espírito Santo.

Embora não seja certo dizer que o Espírito Santo é o pai do homem Cristo, todavia, é explicável o modo pelo qual nasceu dele e de Maria virgem.

12. 38. Todavia, será que por isso podemos afirmar que o pai do homem Cristo seja o Espírito Santo, de maneira que Deus Pai tinha gerado o Verbo, e o Espírito Santo, o homem, derivando de uma e de outra substância um único Cristo, filho de Deus Pai enquanto Verbo e do Espírito Santo enquanto homem e que o Espírito Santo, como seu pai, tê-lo-ia gerado pela Virgem Mãe? Quem ousaria dizer isso? E discutindo, não é necessário mostrar as outras consequências absurdas, já que isso é tão absurdo que não há ouvidos de fiéis que consigam suportá-lo. Por isso, conforme confessamos, o Senhor nosso Jesus Cristo, que é Deus de Deus, mas nascido como homem do Espírito Santo e da Virgem Maria, em uma e outra substância, isto é, na divina e na humana, é o único Filho de Deus Pai onipotente, do qual procede o Espírito Santo. Então, como dizemos que Cristo nasceu do Espírito Santo, se o Espírito Santo não o gerou? Talvez, porque o fez? Afinal, de nosso Senhor Jesus Cristo, enquanto Deus, dizemos que *tudo foi feito por meio dele* (Jo 1,3), mas enquanto é homem, também ele foi feito, como diz o Apóstolo: *Foi feito pela estirpe de Davi segundo a carne* (Rm 1,3). Mas, já que a virgem concebeu e deu à luz aquela criatura, embora pertencente unicamente à pessoa do Filho, foi toda a Trindade que a fez – pois as obras da Trindade são inseparáveis –, por que em tal obra foi nomeado só o Espírito Santo? Ou será que quando é nomeada uma só das três pessoas, deve-se entender toda a Trindade? Isso realmente é assim e pode-se mostrar isso com alguns exemplos. Mas não é o caso de demorar-se mais sobre este ponto. Porém, o que preocupa é como se possa dizer: Nascido do Espírito Santo (cf. Mt 1,20), já que não é absolutamente filho do Espírito Santo. Por outro lado, só porque Deus fez este mundo, não é lícito dizer que Ele é filho ou que nasceu de Deus; antes, podemos dizer corretamente que foi feito, ou criado, ou constituído por Ele, ou algo semelhante. Portanto, quando aqui confessamos que Ele nasceu do Espírito Santo e da Virgem Maria, é difícil explicar como não seja Filho do Espírito Santo, mas da Virgem Maria, embora tenha nascido de um e de outra; sem dúvida, porém, não nasceu daquele como de um pai, mas nasceu dela como de uma mãe.

Exemplos pelos quais se mostra que nem sempre é considerado filho aquilo que nasce de alguma coisa, e é considerado filho da qual não nasce.

12. 39. Por isso, não se deve conceder que tudo o que nasce de alguma coisa, imediatamente deva ser proclamado seu filho. Omitirei que um filho de homem nasce de modo diferente de um cabelo, um piolho, uma lombriga, pois nenhum destes tem um filho; omitirei isso, porque se comparam ultrajosamente coisas tão grandes, e certamente ninguém diria que aqueles que nascem da água e do Espírito (cf. Jo 3,5) são filhos da água, mas corretamente são chamados filhos de Deus Pai e da mãe Igreja. Portanto, do Espírito Santo nasceu o filho de Deus Pai, não do Espírito Santo. Nesse sentido, o que dissemos do cabelo e das outras coisas vale apenas para chamar a atenção sobre o fato de que nem tudo aquilo que nasce de alguma coisa pode também ser chamado de filho do qual nasce; assim, nem para todos aqueles que se dizem filhos de alguém pode-se, coerentemente, dizer que também nasceram dele, como os que são adotados. São também chamados filhos da geena (cf. Mt 23,15) não aqueles que nasceram nela, mas aqueles que a ela foram predispostos, assim como os filhos do reino (cf. Mt 8,12) foram predispostos para o reino.

Indicando a maneira de Cristo Jesus nascido do Espírito Santo, para que, a não ser pela graça de sua humanidade, sem mérito precedente algum, na própria concepção uniu-se ao Verbo de Deus.

12. 40. Por isso, já que algo pode nascer de outra coisa mesmo sem ser filho, e que, por outro lado, como nem todo aquele que é chamado filho nasceu daquele do qual se diz ser filho, certamente, a maneira pela qual Cristo nasceu do Espírito Santo, não como filho, e de Maria Virgem, como filho, introduz-nos na graça de Deus, em virtude da qual tal homem, sem mérito precedente algum, no próprio ato em que sua natureza começou a existir, uniu-se ao Verbo de Deus numa tal unidade de pessoa que, aquele que era filho do homem fosse filho de Deus e o filho de Deus fosse filho do homem e, assim, na assunção da natureza humana fosse em certo sentido natural para aquele homem a própria graça que não pode induzir a algum pecado. Tal graça devia ser designada através do Espírito Santo, pois Ele é propriamente Deus, tanto que se pode dizer também dom de Deus (cf. Jo 4,10; At 8,20). Daí que para falar suficientemente seria muito longo, admitindo que isso seja possível, e seria necessária uma dissertação bastante extensa.

Que a morte e a ressurreição de Cristo não tendo pecado próprio, fez-se pecado por nós.

13. 41. Portanto, Ele foi gerado e concebido sem qualquer prazer da concupiscência carnal e, por isso, sem contrair algum pecado original, também pela graça de Deus foi integrado e incorporado de modo admirável e inefável na unidade da pessoa ao unigênito Verbo do Pai, Filho, não por graça, mas por natureza; por isso, Ele não pode cometer pecado algum, ainda que, por afinidade com a carne do pecado na qual viera (cf. Rm 8,3), também Ele foi chamado pecado, que devia sacrificar-se para lavar os pecados. Ora, na lei antiga os pecados eram chamados sacrifícios pelos pecados (cf. Lv 6,23; Nm 8,8; Os 4,8); eles, porém, eram sombras daquilo que ele mesmo se fez. Por isso, o Apóstolo, depois de ter dito: *Por Cristo vos rogamos, reconciliai-vos com Deus* (2Cor 5,20), acrescentou logo e disse: *Aquele que não tinha conhecido pecado, Deus o fez pecado por nós, para que nos tornássemos nele justiça de Deus* (2Cor 5,21). Não diz, como se lê em alguns códices incorretos, "Aquele que não conheceu pecado, fez o pecado por nós", como se o próprio Cristo tivesse pecado por nós; diz antes: Aquele que não havia conhecido pecado, isto é, Cristo, Deus *o fez pecado por nós*, com o qual devemos ser reconciliados: sacrifício pelos pecados, graças aos quais pudéssemos ser reconciliados. Portanto, Ele foi pecado para que fôssemos justiça, e não justiça nossa, mas de Deus, não em nós, mas nele; como de fato Ele manifestou não o seu pecado, mas o nosso, constituído não nele, mas em nós, por afinidade com a carne do pecado (cf. Rm 8,3), na qual Ele foi crucificado; desse modo, já que nele não havia pecado, morrendo à carne, da qual havia afinidade com o pecado, em certo sentido, Ele teria morrido ao pecado e, não tendo jamais vivido segundo a antiga lógica do pecado, teria mostrado com sua ressurreição a nossa regeneração à vida nova, a partir da antiga morte do pecado que nos tocava (cf. Rm 6,3-4; 8,3).

Que a morte e a ressurreição de Cristo simbolizam o Sacramento do Batismo.

13. 42. É precisamente isso que celebra em nós o grande Sacramento do Batismo: para que quem chegar a esta graça morra ao pecado, segundo se diz que Ele morreu ao pecado porque morreu à carne, isto é, à afinidade com o pecado, e vivam renascendo do lavacro, como Cristo, ressurgindo do sepulcro, seja qual for a sua idade.

Que geralmente para toda a idade é necessário o batismo de Cristo.

13. 43. Afinal, do menor apenas nascido até o velho decrépito, como não se deve negar a ninguém o batismo, assim, não há ninguém que não morra ao pecado no batismo; todavia, os pequenos morrem somente ao pecado original, os maiores morrem a todos os pecados que, vivendo mal, acrescentaram ao que contraíram ao nascer.

Como geralmente se diz que os maiores morrem ao pecado no batismo, já que têm muitos pecados próprios.

13. 44. Mas também destes se diz que geralmente morrem ao pecado, quando não há dúvida de que eles não morrem por um só pecado, mas por muitos e todos aqueles que cometeram pessoalmente por pensamentos, palavras e obras; de fato, costuma-se designar o singular também pelo plural, como disse aquele poeta: *Enchem o ventre com o soldado armado* (VIRGÍLIO, *Aen*. 2, 20), embora tenham feito isso com muitos soldados. E nas nossas Escrituras lê-se: *Roga, pois, ao Senhor que afaste de nós a serpente* (Nm 21,7 – seg. LXX); para dizer isso, não fala de serpentes, que afligiam o povo. E assim, há outras inumeráveis passagens. Se, pois, também aquele único pecado original é designado no plural, quando dizemos que os menores são batizados para a remissão dos pecados, recorre-se à figura contrária, pela qual se designa o singular através do plural. Assim, no Evangelho diz-se, depois da morte de Herodes: *Porque morreram os que procuravam a vida do menino* (Mt 2,20); não diz: está morto. E no Êxodo diz: *Fizeram para si deuses de ouro* (Ex 32,31), quando fizeram um só bezerro, do qual disseram: *Estes são, ó Israel, os teus deuses que te tiraram da terra do Egito* (Ex 32,4), usando também aqui o plural pelo singular.

Como naquele único pecado que por um só homem entrou no mundo encontram-se muitos pecados.

13. 45. Embora também naquele único pecado que por um só homem entrou no mundo e passou a todos os homens (cf. Rm 5,12), e pelo qual também os menores são batizados, podem ser entendidos muitos pecados, se aquele único for dividido como que em cada uma das partes. Pois ali está também a soberba, porque o homem tem preferido o próprio poder ao poder de Deus; o sacrilégio, porque não acreditou em Deus; o homicídio, porque se precipitou na morte; a impureza espiritual, porque a integridade da mente humana foi violada pela sedução da serpente; o furto, porque foi roubado o alimento proibido; a avareza, porque desejou mais do que lhe fora suficiente; e quanto ainda se pode descobrir, com um exame atento, neste único erro.

Que, não sem fundamento, diz-se que os pecados dos pais pesam sobre os filhos, a não ser que haja o socorro da graça e da divina misericórdia.

13. 46. Ora, diz-se, não sem boas razões, que sobre os pequenos pesam os pecados dos pais, não só dos primeiros homens, mas também daqueles dos quais eles nasceram. Na verdade, a afirmação divina: *Castigarei a iniquidade dos pais nos filhos* (cf. Ex 20,5; Dt 5,9), realmente os vincula antes que, pela regeneração, comecem a pertencer ao Novo Testamento. Aquele Testamento que é objeto da profecia de Ezequiel, quando diz que os filhos não carregarão os pecados dos próprios pais e, em Israel, já não haverá razão de existir a expressão: *Os pais comeram uvas verdes e os dentes dos filhos ficaram embotados* (Ez 18,2). Por isso, de fato, quem quer que renasça, é para que nele se apague qualquer pecado com o qual nasce. Quanto aos pecados que são cometidos a seguir pela má conduta, podem também serem reparados pela penitência, como vemos também depois do batismo. Por isso, a regeneração foi instituída só porque a geração estava corrompida, tanto que até quem nasceu de um matrimônio legítimo diga: *Eis que fui concebido em iniquidades e em pecados minha mãe me concebeu* (Sl 50,7). E aqui não disse: Na iniquidade ou no pecado, mesmo que corretamente pudesse dizer, mas preferiu dizer iniquidades e pecados, porque naquela única culpa, que passou a todos os homens e que é tão grave que, por ela foi mudada a natureza humana e a transformou na necessidade da morte, e se encontram, como expus acima, muitos pecados; e os outros pecados dos pais que, embora não possam mudar a natureza, todavia, vinculam sempre os filhos à culpa, a não ser que intervenha a graça gratuita e a misericórdia divina.

Não se deve afirmar temerariamente que, de algum outro modo sejam computados com os pecados dos pais para pai de alguém até a terceira ou quarta geração.

13. 47. Quanto aos pecados dos outros pais, porém, que constituem para cada um a linha de sucessão, desde Adão até o próprio pai, com razão, pode-se discutir: Se aquele que nasce é envolvido nas más ações de todos e nas culpas originais que se multiplicaram, a ponto de piorar sempre a condição de quem nasce mais tarde. Ou se, por isso, Deus ameaça fazer pesar sobre os descendentes os pecados dos pais até a terceira e quarta geração (cf. Dt 5,9), não estendendo ulteriormente a sua cólera às culpas dos ascendentes segundo a medida de sua compaixão. Isso para evitar que aqueles aos quais não se concede a graça da regeneração sejam oprimidos por uma

carga excessiva na condenação eterna, se obrigados a contrair os pecados originais de todos os pais que os precederam desde os inícios do gênero humano e a expiar os devidos castigos pelos pecados. Ou ainda, se após um exame e um estudo mais atento das Sagradas Escrituras é possível ou não chegar a conclusões diferentes sobre uma matéria desse gênero. Não ouso afirmá-lo temerariamente.

Do pecado original ninguém pode salvar-se a não ser por Cristo Jesus, Mediador de Deus e dos homens.

14. 48. Todavia, aquele único pecado, cometido com tal gravidade num lugar e numa condição de tanta felicidade, que num único homem originalmente e, por assim dizer, radicalmente, foi condenado todo o gênero humano, é absolvido e lavado somente pelo único *mediador entre Deus e os homens, o homem Cristo Jesus* (1Tm 2,5), o único que pôde nascer sem ter necessidade de renascer.

Ninguém renasce no batismo de João, que Cristo quis receber por humildade como dispensa da morte.

14. 49. De fato, não renasciam os que recebiam o batismo de João, de quem também Cristo recebeu o batismo, mas, pelo ministério do precursor que dizia: *Preparai o caminho do Senhor* (Is 40,3; Mt 3,3; Lc 3,4), eram preparados para este único batismo no qual podiam renascer. Realmente, o batismo de Cristo não é somente de água, como o de João, mas também no Espírito Santo (cf. Mt 3,11; Mc 1,8), para que quem crê em Cristo possa ser regenerado por aquele Espírito do qual Cristo foi gerado sem ter necessidade de regeneração. Daí, aquela voz do Pai que se ouviu sobre o batizado: *Hoje eu te gerei* (Sl 2,7; Hb 1,5; 5,5; cf. Mt 3,17) não indicou aquele único dia do tempo em que foi batizado, mas da imutável eternidade, para manifestar que aquele homem pertencia à pessoa do Unigênito. Afinal, quando o dia não inicia pelo término do precedente, nem termina com o começo do seguinte, é um hoje eterno. Portanto, Ele quis ser batizado com água por João (cf. Mt 3,15), não para que fosse lavada a sua iniquidade, mas para que fosse recomendada a sua humildade. Assim, na verdade, o batismo não encontrou nele nada para purificar, como a morte nada para punir, para que o diabo, oprimido e vencido pela verdade da justiça, não pela violência do poder, por tê-lo matado de maneira absolutamente iníqua sem que fosse culpado de algum pecado, teria perdido, graças a ele de modo absolutamente justo, aqueles que, culpados de pecado, ele retinha. Portanto, foram assumidas as duas coisas por Cristo, isto é, o batismo e a morte, para que, por causa da dispensa certa, não por uma miserável fatalidade, mas por uma vontade de misericórdia, para que um somente tirasse os pecados do mundo (cf. Jo 1,29), assim como um só introduziu o pecado no mundo (cf. Rm 5,12.18), isto é, em todo o gênero humano.

Que a graça de Cristo não tirou somente aquele pecado original, mas simultaneamente tudo aquilo que a Ele se acrescentou.

14. 50. Ora, como aquele único homem introduziu um único pecado no mundo, este único redentor, porém, não tirou apenas aquele único pecado, mas, ao mesmo tempo, todos aqueles que encontrou acrescentados. Por isso, diz o Apóstolo: *E não se dá com o dom o mesmo que se dá com o pecado de um, porque a sentença de condenação foi dada por causa de um só pecado, mas a graça traz a justificação de muitos pecados* (Rm 5,16). Com efeito, aquele único pecado contraído na origem, ainda que seja um só, torna-nos sujeitos à condenação, enquanto a graça justifica de muitas culpas o homem que, além do único pecado contraído na origem com todos, por sua própria culpa cometeu ainda muitos outros.

Todo aquele que nasceu de Adão é mantido na condenação e todo aquele que renasceu em Cristo é libertado da condenação.

14. 51. Na verdade, aquilo que diz pouco depois: *Por isso, assim como pelo pecado de um só incorreram todos os homens na condenação, da mesma forma pela justiça de um só recebem todos os homens a justificação que dá a vida* (Rm 5,18), isso basta para indicar que não existe ninguém, nascido do Adão, que não seja mantido na condenação, e ninguém é libertado da condenação que não tenha renascido em Cristo.

Como o Apóstolo recomendou o mistério do batismo na cruz de Deus, na qual são salvos não só os maiores, mas também os pequenos.

14. 52. Depois de ter falado da pena, introduzida por um único homem, e da graça, também ela introduzida por um só homem, aquilo que julgou suficiente naquele ponto de sua carta, ele recomendou o grande mistério do sagrado batismo na cruz de Cristo, para fazer-nos compreender que o batismo de Cristo não representa outra coisa senão sua morte, e a morte de Cristo crucificado nada mais representa do que a remissão do pecado; então, assim como nele aconteceu uma verdadeira morte, da mesma forma em nós ocorreu uma verdadeira remissão dos pecados, e como nele a ressurreição foi verdadeira, assim em nós foi verdadeira justificação. Porém, disse: *Que diremos, pois? Permaneceremos no pecado, para que abunde a graça* (Rm 6,1)? De fato, acima havia dito: *Onde abundou o pecado, superabundou a graça* (Rm 5,20). E, por isso, propôs a questão se para conseguir a abundância da graça, dever-se-ia permanecer no pecado. Mas respondeu: *De modo algum!* E acrescentou: *Pois se nós já somos mortos para o pecado, como viveremos ainda nele* (Rm 6,2)? Depois, para mostrar que morremos ao pecado, disse: *Vós não sabeis que todos os que fomos batizados em Jesus Cristo, fomos batizados na sua morte* (Rm 6,3)? Portanto, se aqui se mostra que estamos mortos ao pecado, porque fomos batizados na morte de Cristo, também os pequenos que são batizados em Cristo, certamente, morrem ao pecado, pois são batizados na sua morte. De fato, sem fazer exceção alguma, foi dito que todos nós, batizados em Cristo Jesus, fomos batizados na sua morte, e isso para provar que estamos mortos ao pecado. Aliás, a que pecado os menores, renascendo, podem morrer, senão ao pecado que contraíram ao nascer? Por isso, refere-se também a eles aquilo que é dito a seguir: *Nós fomos, pois, sepultados com ele, a fim de morrer pelo batismo, para que, assim como Cristo ressuscitou dos mortos pela glória do Pai, assim nós vivamos uma vida nova. Porque, se nos tornarmos uma só planta com Cristo, por uma morte semelhante à dele, a mesma coisa sucederá por uma ressurreição semelhante, sabendo nós que o nosso homem velho foi crucificado junto com ele, a fim de que seja destruído o corpo do pecado, para que não sirvamos jamais ao pecado. De fato, aquele que morreu, justificado está do pecado. E, se morremos com Cristo, creiamos que viveremos também juntamente com Cristo, sabendo que Cristo, ressuscitado dos mortos, não morre mais, nem a morte terá sobre Ele mais domínio. Porque, se Ele morreu para o pecado, morreu uma só vez; mas, quanto a viver, vive para Deus. Assim também vós, considerai-vos como estando mortos para o pecado, mas vivos para Deus, em nosso Senhor Jesus Cristo* (Rm 6,4-11). Aqui, havia começado a provar que não devemos permanecer no pecado, para que abundasse a graça, dizendo: *Se estamos mortos ao pecado, como viveremos nele?* E para mostrar que estamos mortos ao pecado, acrescentara: *Ou não sabeis que os que fomos batizados em Cristo Jesus, fomos batizados na sua morte?* Desse modo, ele concluiu toda essa passagem como a havia iniciado. Portanto, introduziu a morte de Cristo para poder dizer que também ele morreu ao pecado; a que pecado, senão à carne, na qual, certamente, não havia pecado, mas algo semelhante ao pecado e que, por isso, tomou o nome de pecado? Por isso, aos batizados na morte de Cristo, na qual são batizados não só os maiores, mas também os pequenos, disse: *Assim também vós*, isto é, que sois como Cristo, *considerai-vos mortos ao pecado, mas vivos para Deus em Cristo Jesus*.

Como as coisas que se realizaram na cruz de Cristo, na sepultura, na ressurreição, na ascensão ao céu e no estar sentado à direita do Pai, são figuras da vida cristã que se levam aqui na terra.

14. 53. Por isso, tudo o que aconteceu na cruz de Cristo, na sepultura, na ressurreição ao terceiro dia, na ascensão ao céu e no sentar-se à direita do Pai, aconteceu assim para que nessas realidades, não simbolicamente, só em palavras, mas também com os fatos, possam conformar-se à vida cristã que nelas se realiza. Pois, por causa de sua cruz foi dito: *E os que são de Jesus Cristo crucificaram a sua própria carne com os vícios e concupiscências* (Gl 5,24). Por causa da sepultura: *Pelo batismo fomos sepultados com Cristo na morte* (Rm 6,4). Por causa da ressurreição: *Para que assim como Cristo ressuscitou dos mortos pela glória do Pai, assim nós vivamos uma vida nova* (Rm 6,4). Por causa da ascensão ao céu e do estar sentado à direita do Pai: *Se ressuscitastes com Cristo, buscai as coisas que são lá de cima, onde Cristo está sentado à direita de Deus; afeiçoai-vos às coisas que são lá de cima, não às que estão sobre a terra; porque estais mortos e a vossa vida está escondida com Cristo em Deus* (Cl 3,1-3).

Não se refere a esta vida crer que Cristo há de vir do céu para julgar os vivos e os mortos.

14. 54. Mas aquilo que confessamos sobre Cristo no futuro, que há de vir do céu para julgar os vivos e os mortos, não se refere à nossa vida que se passa aqui, porque não se trata daquilo que Ele já realizou, mas daquilo que deverá se cumprir no fim dos tempos. A isso se refere o que o Apóstolo acrescentou a seguir: *Quando aparecer Cristo, que é a vossa vida, então também vós aparecereis com Ele na glória* (Cl 3,4).

De duas maneiras pode-se entender que julgará os vivos e os mortos.

14. 55. Porém, de duas maneiras pode-se entender que julgará os vivos e os mortos: ou que por vivos entendamos aqueles que aqui ainda não morreram, mas que no ato de sua vinda serão encontrados ainda vivos nesta carne, e como mortos aqueles que, antes de sua vinda, abandonaram o próprio corpo ou estão a ponto de abandoná-lo; ou como vivos os justos e como mortos os injustos, porque também os justos serão julgados. De fato, às vezes, o juízo de Deus é evocado em sentido negativo, como quando é dito: *Os que tiverem feito obras más, sairão para a ressurreição do juízo* (Jo 5,29); algumas vezes também em sentido bom, segundo o que foi dito: *Salva-me, ó Deus, por teu nome, e com o teu poder julga a minha causa* (Sl 53,3). Na verdade, é por meio do juízo de Deus que se faz a separação dos bons e dos maus, de modo que os bons, que devem ser libertados do mal e não perdidos com os maus, sejam separados à sua direita (cf. Mt 25,31-46); por isso, clama o Salmo: *Julga-me, ó Deus*, e como que para explicitar melhor o que disse, acrescenta: *E separa a minha causa da gente não santa* (Sl 42,1).

Que, nomeado o Espírito Santo, a Trindade se completou, à qual muito ordenadamente a Igreja é unida como a Deus o seu templo.

15. 56. Depois de ter falado de Jesus Cristo, Filho único de Deus e Senhor nosso, permanecendo na brevidade da Profissão de fé, acrescentamos crer, como sabes, também no Espírito Santo, de maneira a ficar completa a Trindade, que é Deus. A seguir, é recordada a santa Igreja e daí dá-se a entender que a criatura racional, pertencente à Jerusalém livre (cf. Gl 4,26), deveria ser colocada em posição subordinada, depois da menção do Criador, isto é, daquela suprema Trindade, porque tudo o que foi dito de Cristo homem refere-se à unidade da pessoa do Unigênito. Por isso, a correta ordem dessa Profissão de fé exigia que a Igreja fosse subordinada à Trindade, como ao habitante a sua casa, a Deus o seu templo, ao fundador a sua cidade. E a Igreja deve ser entendida na sua totalidade, não só na parte que é peregrina na terra e louva o nome do Senhor do nascer do sol até seu ocaso (cf. Sl 112,3), cantando um cântico novo (cf. Ap 5,9) depois da escravidão antiga, mas também aquela que está eternamente em comunhão nos céus com Deus desde que a fundou e jamais experimentou o mal de uma queda sua. Esta persiste feliz entre os santos anjos e presta o socorro necessário à sua parte que é ainda peregrina, porque ambas estarão unidas numa comunidade eterna, enquanto agora estão unidas pelo vínculo da caridade, já que foi toda instituída para adorar o único Deus. Daí que nem a Igreja toda, nem uma parte dela quer ser adorada em lugar de Deus, nem ser Deus a quem pertença o templo de Deus, constituído por aqueles deuses criados pelo Deus incriado (cf. Sl 81,6; Jo 10,34-35). Por isso, se o Espírito Santo fosse uma criatura e não o criador, com certeza, seria uma criatura racional; afinal, ele é a suprema criatura. E assim, em base ao princípio da fé não seria anteposto à Igreja, porque também ele pertence à Igreja, naquela parte que está nos céus, nem teria um templo, sendo ele o próprio templo. Mas ele tem um templo, do qual o Apóstolo diz: *Porventura não sabeis que os vossos membros são templos do Espírito Santo, que habita em vós, que vos foi dado por Deus* (1Cor 6,19)? Dos quais diz em outro lugar: *Não sabeis que os vossos corpos são membros de Cristo* (1Cor 6,15)? Então, como Deus pode não existir se tem um templo, ou é inferior a Cristo, se este tem seus membros como templo? Nem seu templo é outro em relação ao templo de Deus, já que o mesmo Apóstolo diz: *Não sabeis que sois templo de Deus?* E, para provar isso, acrescentou: *E que o Espírito Santo habita em vós* (1Cor 3,16)? Portanto, Deus habita no seu templo, não só o Espírito Santo, mas também o Pai e o Filho, e este, também em seu próprio corpo, pelo qual tornou-se cabeça da Igreja que está entre os homens, para Ele próprio obter o primado sobre todas as coisas (cf. Cl 1,18), disse: *Destruí este templo e eu o reedificarei em três dias* (Jo 2,19). De fato, o templo de Deus, isto é, de toda a suprema Trindade, é a santa Igreja, isto é, a universal no céu e na terra.

Que na Igreja dos originais que está nos céus, não existe o mal.

15. 57. Mas, quanto à Igreja que está no céu, só podemos afirmar que lá ninguém é mau e, além disso, que ninguém caiu ou cairá, já que Deus *não poupou os anjos que pecaram,* como escreve o Apóstolo Pedro, *mas os precipitou nos abismos tenebrosos do inferno, onde os reservou para o juízo* (2Pd 2,4).

Como devem ser entendidas as diferenças dos anjos bons e se pertencem à mesma sociedade o sol, a lua e os outros astros.

15. 58. Mas como se estrutura aquela felicíssima e celeste sociedade, quais são as diferenças de disposição, para que todos sejam chamados com o nome geral de anjos, conforme lemos na *Carta aos Hebreus*: *E a qual dos anjos disse alguma vez: Senta-te à minha direita* (Hb 1,3)? Na verdade, dessa forma mostrou que todos se chamavam anjos, quer sejam Arcanjos e quer os próprios Arcanjos sejam chamados Virtudes e, assim, seja dito: *Louvai-o, vós todos os seus Anjos, louvai-o, vós todas as suas Virtudes* (Sl 148,2), como se dissesse: Louvai-o, Anjos todos, louvai-o, Arcanjos todos; e como se diferenciam aqueles quatro títulos pelos quais o Apóstolo parece ter abraçado toda a sociedade celeste, quando disse: *Quer sejam os Tronos, quer as Dominações, quer os Principados, quer as Potestades* (Cl 1,16)? Respondam os que puderem, contanto que possam provar o que dizem. Quanto a mim, confesso a minha ignorância. Nem sei, com certeza, se entram naquela sociedade o sol, a luz e todas as estrelas, embora a alguns pareçam corpos luminosos, mas privados de sensibilidade e de inteligência.

Um problema dificílimo: se os anjos têm e quais são os seus corpos.

15. 59. Igualmente, quem poderá explicar com que corpos os anjos apareceram aos homens, de modo a não só serem visíveis, mas também tangíveis; por outro lado, não é graças a uma massa corpórea, mas a um poder espiritual que pode apresentar algumas visões aos olhos não materiais, mas espirituais, ou às mentes, ou dizer alguma coisa não ao ouvido exterior, mas na interioridade do espírito humano, onde também eles são atestados; de fato, no livro dos Profetas está escrito: *O anjo que fala em mim, disse-me* (Zc 1,9); e não disse: *Que falava a mim*, mas: *Em mim*; ou aparecer durante o sono, falando como que em sonho; realmente, temos no Evangelho: *Eis que um anjo do Senhor apareceu-lhe em sonhos, dizendo* (Mt 1,20). Esses modos parecem indicar que os anjos não têm corpos palpáveis, suscitando a questão dificílima sobre o modo pelo qual os patriarcas tenham lavados seus pés (cf. Gn 18,4; 19,2), e como

Jacó tenha podido combater com o anjo, lutando de modo tão duro (cf. Gn 32,29-32). Perguntando essas coisas e avançando cada um como puder as suposições, realiza-se um útil exercício de inteligência, contanto que se fique no âmbito de uma discussão moderada e nos guardemos do erro daqueles que supõem saber o que não sabem. Com efeito, que necessidade existe de afirmar, ou de negar, ou de definir com discriminação, quando as coisas são ignoradas sem culpa?

Que é sobretudo importante discernir, pela graça de Deus, quando satanás se transforma em anjo de luz.

16. 60. É mais importante julgar e reconhecer quando satanás se transforma em anjo de luz (cf. 2Cor 11,14), para não nos deixarmos enganar e atrair para algum perigo. Pois, quando ilude os sentidos do corpo, mas não tira a mente de um pensamento verdadeiro e reto, em base ao qual o crente conduz a própria vida, não existe perigo algum para a religião; como também, quando se fingindo bom realiza ou diz coisas que convêm aos anjos bons, também se é considerado bom, não se trata de um erro pernicioso ou doentio para a fé cristã. Mas, quando por meio dessas ações hostis, ele começa a arrastar-nos para si, então, reconhecê-lo sem segui-lo é um ato de grande e necessária vigilância. Porém, quantos são os homens capazes de fugir de todos os seus mortais enganos, se Deus não os conduzir e proteger? E essa dificuldade torna-se útil, para que ninguém ponha a própria esperança em si mesmo ou, ao menos, em outro homem, mas todos a ponham em Deus. Certamente, nenhum dos piedosos duvidará de que essa é a melhor coisa que nos convém.

Quando teremos pleno conhecimento da Igreja celeste ou como se diz que a morte de Cristo serviu também para os Anjos.

16. 61. Portanto, essa Igreja, composta de santos Anjos e de Virtudes de Deus, manifestar-se-á realmente a nós quando se realizar a nossa união final com ela, na posse comum da beatitude eterna. Porém, essa Igreja, que peregrina na terra distante daquela, nós a conhecemos melhor, porque é feita de homens, como nós. Pelo sangue do Mediador, que não tinha pecado algum, essa Igreja foi redimida de todo o pecado e fala assim: *Se Deus é por nós, quem será contra nós? Ele que não poupou o próprio Filho, mas o entregou por nós todos* (Rm 8,31). De fato, Cristo não morreu pelos Anjos, mas, é também para os Anjos o que se realiza por sua morte, a redenção e a libertação dos homens do mal, porque, de certo modo, faz que eles tornem à graça depois das iniquidades que os pecados geraram entre os homens e os santos Anjos e essa redenção dos homens repara os danos causados por aquela queda dos Anjos.

Que os santos Anjos, instruídos por Deus, conheceram o número dos homens que chegará como suplemento da cidade celeste.

16. 62. Efetivamente, os santos Anjos, instruídos por Deus e felizes na contemplação de sua eterna verdade, conheceram o número suplementar do gênero humano que aquela cidade espera para estar completa. Por isso, o Apóstolo falou do plano de restaurar *em Cristo todas as coisas, as que há no céu e as que há na terra* (Ef 1,10). Na verdade, aquelas que estão no céu são restauradas quando pelos homens é reintegrada a parte que ficou na queda dos Anjos; são restauradas, porém, aquelas que estão na terra quando os próprios homens, predestinados à vida eterna, são regenerados do seu antigo estado de corrupção. Assim, por aquele especial sacrifício constituído pela imolação do Mediador, o único sacrifício prefigurado por numerosas vítimas sob a Lei, as coisas do céu se pacificaram com aquelas da terra, e as coisas da terra, com aquelas do céu, como disse ainda o Apóstolo: *Foi do agrado do Pai que residisse nele toda a plenitude e que por Ele fossem reconciliadas consigo todas as coisas, pacificando pelo sangue de sua cruz tanto as coisas da terra quanto as coisas do céu* (Cl 1,19-20).

Como entender a paz de Deus que se diz exceder toda a inteligência, ou que teremos essa paz com os anjos.

16. 63. Esta paz, como está escrito, está acima de todo o entendimento (cf. Fl 4,7) e nós não podemos conhecê-la senão quando tivermos

chegado a ela. E como podem pacificar-se as coisas do céu senão conosco, isto é, encontrando a concórdia conosco? E lá sempre existe paz, tanto entre todas as criaturas intelectuais, como com seu Criador. Uma paz que, como foi dito, supera todo o entendimento, mas, na verdade, o nosso, não daqueles que sempre veem a face do Pai (cf. Mt 18,10). Nós, porém, por maior que seja em nós a inteligência humana, temos um conhecimento imperfeito e, agora, vemos como por um espelho, em enigma (cf. 1Cor 13,9.12). Depois, quando formos iguais aos anjos de Deus (cf. Lc 20,36), então, como eles, veremos face a face e poderemos estar em paz com eles, precisamente como eles estão em paz conosco, porque estaremos em condição de amá-los com o mesmo amor que eles nutrem por nós. Portanto, sua paz nos será conhecida, porque também a nossa será da mesma natureza e a nossa inteligência será tanta e tal que já não supera o nosso intelecto; no entanto, a paz de Deus, que lá de cima cairá sobre nós, superará, sem dúvida, a nossa e a sua inteligência. Afinal, Deus é a fonte da felicidade de cada criatura racional que é feliz, e não ela dele. Daí que, segundo isso, melhor se entende o que está escrito: *A paz de Deus que supera todo o entendimento*, porque dizendo todo o entendimento, não se pode excetuar nem a própria inteligência dos santos Anjos; mas unicamente a de Deus, pois sua paz não supera a sua inteligência.

Como também agora os anjos estão em concórdia conosco e que a remissão dos pecados é necessária também aos batizados perfeitos.

17. 64. Ora, os Anjos estão em concórdia conosco também agora, quando são remetidos os nossos pecados. Por isso, depois da menção da santa Igreja, na ordem de nossa profissão de fé, põe-se a remissão dos pecados. Com efeito, por ela é mantida a Igreja que está na terra, por ela não perece aquele que estava perdido e foi encontrado (cf. Lc 15,32). Na verdade, excetuado o dom do batismo, que é dado contra o pecado original, para que aquilo que foi atraído pela geração fosse tirado pela regeneração, embora tire também os pecados atuais, que se encontram em nós e são cometidos por pensamentos, palavras e obras. Portanto, excetuada essa grande indulgência, da qual tem início toda a renovação do homem, pela qual se liberta de toda a culpa, inata ou adquirida, não se pode levar o resto da vida, quando já se está no uso da razão, por mais fecundo que seja o poder da justiça, sem a remissão dos pecados, porque os filhos de Deus, durante sua vida mortal, estão em conflito com a morte. E ainda que seja verdade o que deles foi dito: *Todos aqueles que são conduzidos pelo Espírito de Deus são filhos de Deus* (Rm 8,14), todavia, é o Espírito de Deus que os estimula e como filhos de Deus progridem para Deus, sobretudo porque pela opressão do corpo corruptível (cf. Sb 9,15), como filhos do homem, por alguns impulsos humanos se rebaixam a si mesmos, também por seu espírito, e assim pecam. Mas existe uma diferença: de fato, não é porque todo o crime é pecado que todo o pecado é também crime. Por isso dizemos que a vida dos santos homens, enquanto está nesta condição mortal, pode ser encontrada sem delito, mas *se dissermos que não temos pecado*, diz o grande Apóstolo, *enganamo-nos a nós mesmos e a verdade não está em nós* (1Jo 1,8).

Que no seio da Igreja Católica não se nega o lugar da penitência pelos delitos e como deve ser aplicada a própria penitência.

17. 65. Porém, quanto à remissão dos próprios delitos, por mais graves que sejam, quem faz uma adequada penitência por seus próprios pecados na santa Igreja, não deve desesperar da misericórdia de Deus. Mas, na ação da penitência, se foi cometido um pecado que tenha separado seu autor até do corpo de Cristo, deve-se considerar não tanto a medida do tempo quanto a da dor; afinal, Deus não despreza um coração contrito e humilhado (cf. Sl 50,19). Na verdade, porque geralmente a dor do coração de alguém permanece oculta ao coração do outro, nem chega ao conhecimento dos outros por meio de palavras ou de outro tipo de sinais, mas se manifesta àquele ao qual se diz: *O meu gemido não te é oculto* (Sl 37,10), corretamente agiram os que presidem as Igrejas ao estabelecer tempos de penitência, que representam uma expiação também diante da Igreja, na qual os próprios pecados são remetidos. Fora dela, na verdade, não são remetidos: pois, ela própria recebeu o penhor do Espírito Santo (cf. 2Cor 1,22), sem o qual não são remetidos os pecados, de maneira que aqueles aos quais são remetidos consigam a vida eterna.

Que a remissão dos pecados é em vista do juízo futuro, já que nesta vida os pequenos batizados são afligidos de maneira diversa de alguns crimes reservados para a posteridade.

17. 66. É mais em vista do juízo futuro que acontece a remissão dos pecados nesta vida. Até lá vale o que está escrito: *Um pesado jugo recai sobre os filhos de Adão, desde o dia em que eles saem do ventre de sua mãe, até o dia da sepultura no seio da mãe comum de todos* (Eclo 40,1), de modo a vermos que também os pequenos, depois do banho da regeneração, são afligidos e atormentados de vários males, e a fazer-nos compreender que toda a eficácia salvífica dos sacramentos é dirigida para a esperança dos bens futuros, mais do que para a conservação ou a aquisição dos presentes. Parece que também nesta vida muitos pecados são perdoados, sem serem punidos com algum castigo, mas suas penas são reservadas para o futuro, pois não é em vão que se fala propriamente do dia do juízo quando há de vir o juiz dos vivos e dos mortos. Como também, ao contrário, aqui são punidos alguns pecados que, se forem remetidos, no mundo futuro não causariam dano algum. Por isso, de algumas penas temporais, aplicadas nesta vida aos pecadores, disse o Apóstolo, dirigindo-se a todos os que veem destruídos os próprios pecados, para que não sejam conservados até o fim: *Ora, se nós nos julgássemos a nós mesmos não seríamos, com certeza, julgados pelo Senhor. Mas, quando nós somos julgados, somos castigados pelo Senhor, para não sermos condenados com este mundo* (1Cor 11,31-32).

Daqueles que no seio da Igreja Católica vivem de maneira muito criminosa e de modo algum fazem penitência e se prometem a salvação pelo fogo.

18. 67. Depois, alguns creem que conseguirão salvar-se, mesmo pelo fogo, também aqueles que não abandonam o nome de Cristo, que recebem o banho do seu batismo na Igreja, que não se separam dela por algum cisma ou heresia, mesmo vivendo em delitos tais que nenhuma penitência repara, nem a esmola resgata, antes perseverando neles com a máxima obstinação até o último dia desta vida, mesmo admitindo que serão punidos segundo a gravidade dos crimes e das infâmias por um fogo prolongado, embora não seja eterno. Mas aqueles que creem nisso e, todavia, são católicos, parece-me que se enganam por uma certa benevolência humana. De fato, consultando a divina Escritura, esta responde de modo diferente. Ora, sobre essa questão escrevi um livro, cujo título é: *A fé e as obras*, onde, baseando-me nas santas Escrituras, com a ajuda de Deus, procurei, nos limites do possível, mostrar que a salvação depende da fé indicada pelo Apóstolo Paulo, de maneira suficientemente clara, com as palavras: *Porque, em Jesus Cristo, nem a circuncisão vale coisa alguma nem a incircuncisão, mas sim a fé que opera pela caridade* (Gl 5,6). Porém, se fizer o mal e não o bem, sem dúvida, segundo o Apóstolo Tiago, a fé *é morta em si mesma* (Tg 2,17), e ele diz novamente: *Se alguém diz que tem fé, mas não tem obras, poderá a fé salvá-lo* (Tg 2,14)? Pois, se um homem criminoso se salvar pelo fogo apenas por causa da fé, e assim se

deve entender o que diz o bem-aventurado Paulo: *Apesar disso será salvo, como por meio do fogo* (1Cor 3,15), então a fé poderá salvar sem as obras, e será falso o que disse seu coapóstolo Tiago. Será falso também aquilo que disse o próprio Paulo: *Não vos enganeis: nem os fornicadores, nem os idólatras, nem os adúlteros, nem os efeminados, nem os sodomitas, nem os ladrões, nem os avarentos, nem os que se dão à embriaguez, nem os maldizentes, nem os roubadores possuirão o reino de Deus* (1Cor 6,9-10). Todavia, se aqueles que perseveram em tais crimes salvar-se-ão em virtude da fé em Cristo, como não serão salvos no reino de Deus?

O que se deve pensar daqueles que edificam sobre o fundamento e quem são os que se salvam pelo fogo e como é esse fogo.

18. 68. Mas, porque estes testemunhos apostólicos, absolutamente explícitos e evidentes, não podem ser falsos, tudo aquilo que foi dito de modo obscuro sobre aqueles que edificam sobre o fundamento que é Cristo não com ouro, prata e pedras preciosas, mas com madeira, feno e palha (cf. 1Cor 3,11-12) – desses foi dito que se salvarão pelo fogo, pois não perecerão pelo valor do fundamento – deve-se entender de maneira a não contradizer os testemunhos tão explícitos. Ora, madeira, feno e palha podem ser entendidos, de maneira não arbitrária, como uma forma de paixão pelas coisas do mundo que, embora licitamente concedidas, não podem ser perdidas sem que a alma experimente alguma dor.

Porém, quando essa dor queima, se Cristo ocupa no coração o lugar de um fundamento, de modo que, em outros termos, nada lhe seja anteposto, e o homem, queimado por tal dor, prefira privar-se destas coisas tão amadas antes do que de Cristo, então, ele se salva pelo fogo. Se, ao contrário, no tempo da tentação, preferir a posse destas realidades temporais e mundanas a Cristo, então, não o teve como fundamento, mantendo aquelas coisas em primeiro lugar, já que num edifício nada é mais importante do que o fundamento. De fato, o fogo do qual falou o Apóstolo naquela passagem, deve ser entendido como aquilo por meio do qual passam ambos, isto é, quem constrói sobre este fundamento com ouro, prata e pedras preciosas, e quem com madeira, feno e palha. E depois de ter dito isso, acrescentou: *O fogo provará qual seja a obra de cada um. Se a obra construída por alguém subsistir, receberá o prêmio. Se a obra de alguém for queimada, ele sofrerá o prejuízo, mas, apesar disso, será salvo como por meio do fogo* (1Cor 3,13-15). Portanto, o fogo provará a obra de ambos, não de um dos dois apenas. A prova da tribulação é uma espécie de fogo e, em outro lugar, fala-se dela explicitamente: *O forno prova os vasos do oleiro, e a prova da tribulação os homens justos* (Eclo 27,6; cf. 2,5). Este fogo realiza agora, nesta vida, aquilo que o Apóstolo disse a propósito de dois fiéis, um dos quais pensa nas coisas de Deus, como possa agradar a Deus, isto é, edifica sobre o fundamento que é Cristo com ouro, prata e pedras preciosas, enquanto o outro pensa nas coisas do mundo, como possa agradar à mulher (cf. 1Cor 7,32-33), ou seja, edifica sobre o mesmo fundamento com madeira, feno e palha. De fato, a obra do primeiro não é queimada, porque não amou coisas cuja perda poderia atormentá-lo. Acaba queimada, porém, a obra do outro, porque não é indolor a perda das coisas possuídas com amor; no entanto, já que este, posto diante da alternativa, preferiria privar-se das coisas antes do que de Cristo e que o temor de perdê-las não lhe faz abandonar a Cristo, embora a perda não seja indolor, este, sem dúvida, se salva, mas como pelo fogo, porque a dor das coisas perdidas e que havia amado, queima-o, mas sem aterrorizá-lo e destruí-lo, defendido como está pela solidez incorruptível do fundamento.

Pode também ocorrer depois desta vida um fogo purificador pelo qual são salvos aqueles que viveram dessa forma, ou fizeram uma conveniente penitência.

18. 69. Também não é incrível que algo semelhante aconteça depois desta vida e, se assim for, pode-se perguntar se é possível ou não descobrir que alguns fiéis se salvem num tempo mais ou menos longo pelo fogo purificador, conforme seu amor pelos bens efêmeros tiver sido mais ou menos intenso; todavia, não serão como aqueles que não possuirão o reino de Deus (cf. 1Cor 6,10), se depois de uma adequada penitência não lhes forem perdoados os seus delitos. Falei de uma penitência adequada, para que não sejam estéreis em suas esmolas, às quais a divina Escritura deu tanta importância que o Senhor

proclama inscrever no seu fruto somente aquele que se sentar à sua direita e na sua esterilidade somente aquele que se sentar à sua esquerda, quando a uns dirá: *Vinde, benditos do meu Pai, possuí o reino* (Mt 25,34), enquanto aos outros: *Ide para o fogo eterno* (Mt 25,41).

Deve-se cuidar para não pensar que delitos abomináveis possam ser perdoados com esmolas, a não ser abstendo-se daqueles vícios.

19. 70. Certamente, é preciso cuidar bem de pensar que delitos abomináveis, como os que são cometidos por aqueles que não possuirão o reino de Deus, sejam cometidos diariamente e reparados com esmolas. Na verdade, a vida deve mudar para melhor e, pelas esmolas, Deus se torne propício quanto aos pecados passados, não como que para comprá-lo para adquirir uma perene licença de impunidade. *De fato, Ele não deu a ninguém a permissão de pecar* (Eclo 15,21), embora, na sua misericórdia, apague os pecados já cometidos, se não se negligenciar uma conveniente satisfação.

Que pela oração do Pai-nosso apagam--se não só os pecados cotidianos, mas também as culpas passadas.

19. 71. Porém, quanto aos pecados breves e leves de cada dia, sem os quais não se leva essa vida, repara-os a oração diária dos fiéis.

De fato, costumam dizer: *Pai nosso que estais no céu* (Mt 6,9), aqueles que já foram regenerados por tal Pai em virtude da água e do Espírito Santo (cf. Jo 3,5). Realmente, essa oração apaga absolutamente os menores pecados de cada dia. Apaga também aqueles que guiaram, até de maneira delituosa, a vida dos fiéis, mas que o arrependimento fez que se afastassem, mudando para melhor, contanto que, como é verdade dizer: *Perdoai-nos as nossas ofensas*, porque não faltam ofensas a perdoar, assim, diga-se verdadeiramente: *Como também nós perdoamos aos que nos têm ofendido* (Mt 6,12), isto é, aconteça o que se diz: porque também a própria esmola é perdoar a culpa ao homem que pede.

Os muitos gêneros de esmolas.

19. 72. E por isso, para todas as obras que trazem útil misericórdia, vale o que o Senhor diz: *Dai esmola, e eis que todas as coisas serão puras para vós* (Lc 11,41). Portanto, dá esmola não só quem dá de comer a quem tem fome, dá de beber a quem tem sede, quem veste o nu, quem acolhe o peregrino, que esconde o fugitivo, quem visita o enfermo e o encarcerado, quem resgata o prisioneiro, quem corrige o fraco, quem acompanha o cego, quem consola o aflito, quem cura o doente, quem orienta o errante, quem aconselha o duvidoso, quem dá o necessário a quem passa necessidade, mas também quem é indulgente com o pecador. E dá esmola quem corrige, severamente, aquele sobre o qual tem autoridade ou lhe impõe alguma disciplina, mas também perdoa de coração o pecado de quem recebeu um dano ou uma ofensa, ou reza para que ele seja perdoado. E dá esmola, porque garante misericórdia, não só no ato de perdoar e de rezar, mas também no ato de corrigir e de infligir algum castigo corretivo. Na realidade, são muitos os bens concedidos contra sua vontade a alguns, quando se olha para seu proveito mais do que para seu querer, poque eles se descobrem inimigos de si mesmos, enquanto seus amigos são antes aqueles que eles consideram inimigos e, assim, errando retribuem o mal pelo bem, já que o cristão não deveria retribuir o mal nem pelo mal (cf. Mt 5,44-47; Rm 12,17-21). Enfim, existem muitos gêneros de esmolas que nos ajudam, quando os realizamos, para obter a remissão de nossos pecados.

Qual é a esmola completa. Aqueles que não são perfeitos podem perdoar pecados, se também eles perdoam de coração aos que pedem para seus devedores.

19. 73. Todavia, não existe esmola maior do que quando perdoamos de coração um pecado cometido contra nós. De fato, não é tão grande ser benigno ou também amável com aquele que nada te fez de mal. Mas é sinal de bondade muito maior e mais sublime que ames também o teu inimigo e a quem te deseja o mal, e te faz o mal se puder, sempre queiras e faças o bem, se possível, ouvindo Jesus, que diz: *Amai os vossos inimigos, fazei o bem aos que* *vos odeiam e orai pelos que vos perseguem* (Mt 5,44). Mas, porque estas coisas são próprias dos perfeitos filhos de Deus, perfeição à qual todo o fiel deve tender, orientando para esse afeto o espírito humano por meio da oração dirigida a Deus e por intermédio da ação e da luta pessoal; todavia, já que um bem tão grande não é acessível a uma tão grande multidão quanto a que cremos ser ouvida quando na oração se diz: *Perdoai-nos as nossas ofensas assim como nós perdoamos aos que nos ofenderam* (Mt 6,12), evidentemente o compromisso assumido com essas palavras é satisfeito quando quem não chegou ao ponto de amar o próprio inimigo, ao menos perdoa de coração o homem que pecou contra ele e que lhe pede ser perdoado. Pois, não há dúvida de que também ele quer obter a remissão que implora, quando reza dizendo: *Como nós perdoamos a quem nos ofendeu*, isto é, perdoa as nossas ofensas a nós que imploramos, assim como também nós as perdoamos aos que nos ofenderam e que nos imploram.

Não deve ser julgado inimigo quem por seu pecado é levado a implorar.

19. 74. Na verdade, quem implora ao homem contra o qual pecou, se é levado a isso pelo próprio pecado, não deve mais ser considerado inimigo, que seja difícil amá-lo como era difícil quando alimentava a inimizade. Porém, quem não perdoa de coração nem a pessoa que lhe implora e se arrepende do próprio pecado, de maneira alguma julgue que o Senhor perdoa seus pecados:

porque a verdade não pode mentir. Porventura, pode ser desconhecido a quem ouvir ou ler o Evangelho aquele que disse: *Eu sou a verdade* (Jo 14,6)? Depois de ter ensinado a oração, Ele nos recomendou vivamente um pensamento contido nela: *Porque, se vós perdoardes aos homens as suas ofensas, também vosso Pai celeste vos perdoará. Mas, se não perdoardes aos homens, tão pouco vosso Pai vos perdoará os vossos pecados* (Mt 6,14-15). Quem não se abala diante de um trovão tão grande, não dorme, mas está morto. Todavia, ele tem o poder de ressuscitar também os mortos.

Daqueles que vivem de maneira muito criminosa e abusam dos testemunhos do Senhor, que diz: *Dai esmola e eis que todas as coisas são puras.*

20. 75. Certamente, aqueles que vivem de maneira muito criminosa e não se preocupam em corrigir tal vida e costumes e, mesmo vivendo entre os próprios crimes e ignomínias, não deixam de dar suas esmolas e em vão se lisonjeiam, porque o Senhor diz: *Dai esmola e eis que todas as coisas são puras para vós;* mas não compreendem quão clara é a expressão. Para compreendê-la, prestem atenção a quem foram ditas aquelas palavras. Efetivamente, no Evangelho está escrito assim: *Enquanto Jesus estava falando, um fariseu convidou-o a ir jantar com ele. Tendo entrado, pôs-se à mesa. Ora, o fariseu estranhou que Ele não tinha feito as abluções antes de comer. O Senhor lhe disse: Agora vós os fariseus limpais o que está* *por fora do copo e da vasilha, mas o vosso interior está cheio de rapina e de iniquidade. Néscios, quem fez o que está de fora, não fez também o que está por dentro? Dai, contudo, esmola do que vos sobeja e eis que todas as coisas serão puras para vós* (Lc 11, 37-41). Ora, será possível entender que tudo é puro para os fariseus que não têm fé em Cristo, mesmo que não tenham acreditado nele e não tenham renascido da água e do Espírito Santo, embora tenham dado esmolas conforme eles as compreendem? E isso, embora sejam impuros aqueles que não são purificados pela fé em Cristo, da qual está escrito: *Purificando com a fé os seus corações* (At 15,9); e o Apóstolo diga: *Para os impuros e infiéis nada é puro, mas estão contaminados o seu espírito e a sua consciência* (Tt 1,15). Então, como poderia ser tudo puro para aqueles fariseus, se davam esmolas sem serem fiéis? Ou, como poderiam ser fiéis se não queriam acreditar em Cristo e renascer na sua graça? Todavia, é verdade aquilo que tinham ouvido: *Dai esmola e eis que todas as coisas serão puras para vós.*

De modo algum Deus perdoa os pecados de quem não perdoa de coração aos que o pedem. Que deve começar por si mesmo quem quer dar esmolas ordenadamente, conforme ensina Cristo censurando os fariseus.

20. 76. De fato, quem quer começar a dar esmola de maneira ordenada deve começar por si mesmo e dá-la primeiramente a si próprio. Com efeito, a esmola é uma obra de misericórdia e de maneira absolutamente verdadeira é dito: *Tem piedade de tua alma, agradando a Deus* (Eclo 30,24). Por causa disso renascemos, para agradar a Deus, já que, com justiça, desagrada-lhe a culpa que contraímos ao nascer. Esta é a primeira esmola que nos fazemos, porque procuramos a nossa miséria graças à misericórdia de Deus misericordioso, confessando seu justo juízo, do qual depende a nossa miséria e do qual o Apóstolo diz: *A sentença de condenado foi dada por causa de um só pecado* (Rm 5,16), e dando-lhe graças por sua grande caridade, da qual o mesmo Apóstolo, mensageiro da graça, diz: *Mas Deus manifesta sua caridade para conosco, porque, quando ainda éramos pecadores, Cristo morreu por nós* (Rm 5,8), para que também nós, julgando segundo a verdade a nossa miséria e amando a Deus pela caridade que Ele nos deu, vivamos piedosa e corretamente. Porém, enquanto desprezavam este juízo e caridade de Deus, os fariseus, na verdade, por meio das esmolas que ofereciam, davam o dízimo até das mínimas coisas de seus frutos, mas não davam esmolas começando por si mesmos. Todavia, a ordem da caridade é esta da qual está escrito: *Amarás teu próximo como a ti mesmo* (Lc 10,27). Depois de tê-los censurado porque se lavavam por fora, enquanto por dentro estavam cheios de rapina e iniquidades, advertindo que a esmola que purifica interiormente é aquela que o homem deve dar primeiramente a si mesmo, o Senhor afirma: *Dai esmola do que vos sobeja e eis que todas as coisas serão puras para vós.* Depois, para mostrar o que Ele advertira e o que eles não se preocupavam em cumprir, para não pensarem que Ele não sabia de suas esmolas, disse: *Mas, ai de vós, fariseus,* como se dissesse: Eu vos admoestei sobre a esmola que deveis dar em virtude da qual tudo para vós será puro: *mas, ai de vós, fariseus, que pagais o dízimo da hortelã, da arruda e de toda a espécie de ervas*; conheço bem essas vossas esmolas e, para não pensardes que minha advertência se refira àquelas coisas, acrescentou: *E transgredis a justiça e o amor de Deus* (Lc 11,42), isto é, a esmola que vos purificaria de toda a contaminação interior, tornando puros para vós também os corpos que lavais. Pois *tudo*, tanto o interior como o exterior, como se lê em outro lugar, significa: *Purificai antes o que está dentro do copo e do prato e, também, o que está fora ficará limpo* (Mt 23,26). Mas, para não dar a impressão de ter desprezado as esmolas que provêm dos frutos da terra, disse: *Era necessário praticar essas coisas*, isto é, o juízo e a caridade de Deus, *mas não omitir aquelas* (Lc 11,42), isto é, as esmolas dos frutos da terra.

Que muito se desviam aqueles que pensam comprar para si o perdão com grandíssimas esmolas de seus frutos ou com o dinheiro, permanecendo nas ignomínias e nos crimes.

20. 77. Portanto, não se enganem aqueles que com as mais generosas esmolas de seus frutos ou também com o próprio dinheiro pensam comprar a impunidade de permanecer na

crueldade das ignomínias e na perversidade dos crimes. Realmente, não só fazem essas coisas, mas as amam de tal modo que desejam permanecer sempre nelas, contanto que seja possível fazer isso impunemente. Mas quem ama a iniquidade, odeia sua alma (cf. Sl 10,6), e quem odeia a sua alma, não é misericordioso com ela, mas cruel. Na verdade, amando-a segundo o mundo é odiá-la segundo Deus. Portanto, se quiser dar-lhe uma esmola pela qual todas as coisas lhe sejam puras, deveria odiá-la segundo o mundo e amá-la segundo Deus. Ora, ninguém dá uma esmola qualquer se não puder dá-la àquele que dela necessita. Por isso é dito: *Sua misericórdia me precederá* (Sl 58,11).

Que os pecados, leves ou graves, devem ser pensados segundo o juízo de Deus; por todos os outros, porém, embora levíssimos, devemos sempre orar com frequência.

21. 78. Mas, quer sejam leves ou graves, os pecados não devem ser pensados segundo o juízo humano, mas segundo o juízo divino. Vemos que também aos próprios Apóstolos foi concedido perdoar alguns pecados, como aquilo que o venerável Paulo diz aos esposos: *Não vos defraudeis um ao outro, senão de comum acordo, durante algum tempo, para vos aplicardes à oração; e de novo tornai a coabitar, para que não vos tente satanás por vossa incontinência* (1Cor 7,5). Poder-se-ia pensar que isso não seja pecado, isto é, a união conjugal não tenha a finalidade da procriação dos filhos, que é um bem nupcial, mas um prazer carnal, de modo que quem

tem uma fraca capacidade de domínio possa evitar o funesto mal da fornicação, seja no caso de adultério ou de qualquer outra impureza mortal, que é vergonhoso até nomear, para onde pode arrastar a concupiscência sob a tentação de satanás. Poder-se-ia pensar, como já disse, que isso não seja pecado se não tivesse acrescentado: *Mas, digo-vos isso por condescendência, não por mandamento* (1Cor 7,6). Mas quem poderia negar que isso seja de fato pecado, já que se admite que, por autoridade apostólica, se dê o perdão a quem o comete? Semelhante é o caso em que diz: *Alguém de vós, tendo litígio contra outro, atreve-se a ir a juízo perante os injustos e não perante os santos* (1Cor 6,1)? E pouco depois: *Portanto, se tiverdes litígios por coisas do século, estabeleceis para julgá-las os que são menos considerados na Igreja. Digo isso para confusão vossa. É possível que não haja entre vós um homem sábio que possa julgar entre seus irmãos? Mas o que se vê é que um irmão litiga com outro irmão; e isso perante os infiéis* (1Cor 6,4-6)? Afinal, também aqui se poderia pensar que não é pecado ter um conflito com outro, mas somente pretender ser julgado fora da Igreja, se logo não tivesse acrescentado: *É já, absolutamente, uma falta haver conflitos entre vós* (1Cor 6,7). E para que ninguém procure se justificar, dizendo que sua causa era justa e que sofria uma injustiça que pretendia reparar por uma sentença dos juízes, o Apóstolo enfrenta imediatamente esses pensamentos ou desculpas e diz: *Por que não sofreis antes a iniquidade? Por que não tolerais antes o dano* (1Cor 6,7)? A fim de voltar para aquilo que o Senhor diz: *E ao que quer chamar-te a juízo para te tirar a túnica, cede-lhe também a capa* (Mt 5,4), e em outro lugar diz: *Ao que leva o que é teu, não lho tornes a pedir* (Lc 6,30). Proibiu também aos seus ter conflitos com outros homens sobre coisas temporais; e sobre este ensinamento se baseia o Apóstolo quando fala de culpa. Todavia, quando permite que tais controvérsias sejam definidas entre irmãos, chamando outros irmãos para julgar, é irremovível ao proibir que isso aconteça fora da Igreja: aparece evidente também aqui o que é combinado para perdoar a quem é fraco. Por causa desses e semelhantes pecados, e de outros, mesmo que menores, devido a faltas em palavras e pensamentos, ouvindo o que diz o Apóstolo Tiago: *Todos nós pecamos em muitas coisas* (Tg 3,2), é oportuno dirigir-nos ao Senhor com uma oração cotidiana e frequente, dizendo: *Perdoai-nos as nossas ofensas*, e não mentir naquilo que segue: *Como nós perdoamos aos que nos têm ofendido* (Mt 6,12).

De alguns pecados que são considerados levíssimos, se nas santas Escrituras não fossem apresentados como mais graves.

21. 79. Porém, existem alguns pecados que seriam considerados levíssimos se nas divinas Escrituras não fossem apresentados como mais graves do que se imagina. Pois quem poderia julgar culpado da geena aquele que diz a seu irmão: *Louco*, se a Verdade não o tivesse dito (cf. Mt 5,22)? Todavia, o Senhor ofereceu imediatamente o remédio para esta ofensa apresentando o preceito da reconciliação fraterna; na verdade, disse logo:

Portanto, se estás para fazer a tua oferta diante do altar, e te lembrares aí que teu irmão tem alguma coisa contra ti (Mt 5,23), com aquilo que segue. Ou quem poderia julgar quão grande pecado seja observar dias, meses, anos e tempos, como os observam aqueles que pretendem ou não pretendem começar alguma coisa em dias, meses ou anos estabelecidos, porque, segundo as vãs doutrinas dos homens (cf. Cl 2,22), julgam os tempos mais ou menos propícios, se não medíssemos a magnitude desse mal pelo tempo do Apóstolo, que lhes disse: *Temo por vós, não tenha eu, talvez, trabalhado inutilmente entre vós* (Gl 4,11)?

Que também pecados grandes são julgados pequenos ou nada quando são praticados por costume.

21. 80. A isso se acrescenta que pecados, embora grandes e horrendos, quando se transformam em costume são julgados pequenos ou nada, a ponto de parecer que se deva não só mantê-los escondidos, mas até celebrá-los ou propagá-los quando, como está escrito: *O pecador gloria-se dos desejos de sua alma, e quem comete iniquidades é felicitado* (Sl 10,3). Nos livros divinos, tal iniquidade é chamada de *clamor*, como encontras no Profeta Isaías, quando fala da vinha má, diz: *Esperei que praticasse a retidão e eis que só há iniquidade, e não há justiça, mas clamor* (Is 5,7). Daí aquilo que está também no Gênesis: *O clamor de Sodoma e Gomorra agravou-se* (Gn 18,20), pois, afinal, aqueles vícios não só não eram punidos entre eles, mas também eram praticados como se fossem lei. Do mesmo modo, também em nossos dias são tantas, embora não iguais, as faltas cujo costume já está abertamente consolidado que, não só não ousamos excomungar algum leigo, mas também não degradamos um eclesiástico. Por isso, comentando há alguns anos a *Carta aos Gálatas*, no ponto em que o Apóstolo diz: *Temo por vós, não tenha eu, talvez, trabalhado inutilmente entre vós* (Gl 4,11), fui induzido a exclamar: "Ai dos pecados dos homens, que nos fazem horrorizar só se forem inusitados; os costumeiros, porém, para perdoá-los foi derramado o sangue do Filho de Deus, embora sejam tão grandes que fecham totalmente o acesso ao reino de Deus, e somos induzidos a tolerá-los e muitas vezes, tolerando-os, somos obrigados até a cometer alguns, e oxalá, ó Senhor, que ao menos não cometamos todos aqueles pecados que não temos podido impedir!" Mas verei se uma dor excessiva me impedira de dizer algo incautamente.

As duas causas pelas quais pecamos: a ignorância e a fraqueza.

22. 81. Agora, falarei daquilo que, na verdade, já falei muitas vezes em outros lugares dos meus opúsculos: duas são as causas pelas quais pecamos, ou porque não vemos o que devemos fazer, ou porque não fazemos o que já vemos que devemos fazer; num caso, o mal consiste na ignorância, no outro, na fraqueza. Na verdade, a nós compete lutar contra esses males. Mas, sem dúvida, somos vencidos se não tivermos a ajuda divina, que não só nos faz ver o que deve ser feito, mas também para que, graças à saúde recuperada, o amor pela justiça vença em nós os amores por aquelas coisas que nos levam a pecar, com pleno conhecimento, ou porque desejamos possuí-las, ou porque tememos perdê-las. Nesse ponto, já não somos só pecadores, como de fato éramos pecando por ignorância, mas também transgressores da lei, já que não fazemos o que devemos fazer, ou fazemos aquilo que já sabemos que não devemos fazer. Por isso, devemos rezar não só se pecamos, para que nos perdoe e, por isso, dizemos: *Perdoai-nos as nossas ofensas, assim como nós perdoamos a quem nos tem ofendido*, mas também para que nos sustente, a fim de não pecarmos e, por isso, dizemos: *E não nos deixeis cair em tentação* (Mt 6,12-13), dirigindo-nos àquele do qual no Salmo se diz: *O Senhor é minha luz e minha salvação* (Sl 26,1), para que a luz elimine a ignorância e a salvação, a fraqueza.

Que a misericórdia de Deus é necessária para que seja repelida a vergonha que impede de fazer penitência.

22. 82. Pois, a própria penitência, quando existe um motivo digno para fazê-la, segundo o costume da Igreja, na maioria das vezes não é feita por fraqueza, porque a vergonha é também temor de desprazer, enquanto a estima dos homens agrada mais do que a justiça, pela qual alguém se humilha com a penitência. Por isso, a misericórdia de Deus é necessária não só no ato de fazer penitência, mas também para que seja possível fazê-la. Caso contrário, o Apóstolo não diria de algumas pessoas: *Na esperança de que Deus lhes* *conceda a penitência* (2Tm 2,25); e para que Pedro chorasse amargamente, o Evangelista preanunciou e disse: *Tendo-se voltado, o Senhor olhou para ele* (Lc 22,61).

Aqueles que pecam irremediavelmente contra o Espírito Santo.

22. 83. Mas quem não crê na remissão dos pecados na Igreja, despreza toda a generosidade do dom divino e se com esta obstinação da mente terminar seu último dia, é culpado daquele pecado imperdoável contra o Espírito Santo (cf. Mt 12,32), no qual Cristo perdoa os pecados. Com toda a clareza de que fui capaz, tratei dessa difícil questão num breve escrito especial.

A geralmente última ressurreição da carne.

23. 84. Quanto à ressurreição da carne, porém, entendida não como quem tornou a viver para depois morrer novamente, mas como ressurreição para a vida eterna, assim como morreu a própria carne de Cristo, não encontro uma maneira satisfatória de poder chegar a um tratado essencial e resolver todas as questões que costumam ser apresentadas sobre isso. Todavia, nenhum cristão deve, absolutamente, duvidar de que é destinada à ressurreição a carne de todos os homens que nasceram e nascerão, que morreram e morrerão.

O problema dos fetos abortados.

23. 85. Ora, sobre os fetos abortados, a primeira questão que surge é, certamente, aquela relativa aos que já nasceram no seio materno, mas ainda não em condições de renascer. Com efeito, se dissermos que hão de renascer, isso pode ser aceito em relação àqueles que já estão formados, quanto aos abortos informes, porém, quem não estaria mais inclinado a pensar que perecerão, como sementes que não tenham sido fecundadas? Todavia, quem ousará negar, embora não ouse afirmar, que a ressurreição realizará completamente qualquer formação imperfeita, de maneira que não faltaria a perfeição à qual chegaria com o tempo, assim como não existirão os defeitos que apareceriam com o tempo, e a natureza não seria defraudada naquela conveniente harmonia que o tempo poderia trazer, nem prejudicada por aquelas adversidades contrárias que o tempo tinha trazido. Ao contrário, chegará a se completar aquilo que ainda era incompleto, assim como será reparado aquilo que fora viciado?

Discussão da questão: Quando começa a viver no útero o homem que se crê pertencer à ressurreição da carne.

23. 86. Por isso, na verdade, entre as pessoas mais doutas pode-se interrogar e discutir, da maneira mais minuciosa, sobre uma questão que ignoro se o homem pode chegar a termo, isto é, quando começa a vida humana no útero e se existe uma forma de vida, mesmo que escondida, que ainda não manifesta as atividades próprias de um ser vivo. Pois parece um atrevimento excessivo negar-se a considerar como indivíduos vivos os fetos que são cortados e extraídos aos pedaços do útero das mulheres grávidas, para evitar que permanecendo ali já mortos, acabem por matar também as mães. Na verdade, o homem começa, certamente, a morrer desde o momento que começa a viver: uma vez morto, porém, onde quer que a morte o possa ter encontrado, não posso imaginar como ele possa ser excluído da ressurreição dos mortos.

Os seres disformes que nascem e logo morrem, com a menção de alguns membros duplos.

23. 87. Quanto aos seres disformes que nascem e vivem, embora logo morram, ou não se poderá negar sua ressurreição, ou não se deve crer que ressurgirão naquela condição e não com uma natureza reintegrada e sanada. De fato, longe de nós pensar que aquele que há pouco tempo nasceu no Oriente com membros duplos, do qual falaram também irmãos absolutamente dignos de fé que o viram e sobre o qual deixou um escrito o Sacerdote Jerônimo, de santa memória: longe de nós, repito, pensar que ao ressurgir será um homem com um corpo duplo, e não dois homens, como deveria acontecer se, ao nascer, fossem dois gêmeos. Igualmente, também todos os outros partos que, considerados em si, são definidos como disformes por terem vindo à luz com algo a mais ou a menos, ou com alguma acentuada anomalia, com a ressurreição serão levados às proporções da natureza humana, de maneira que cada alma tenha seu próprio corpo, sem contrair tudo aquilo que havia contraído no momento de nascer, mas dotada, cada uma individualmente, dos próprios membros, em condições de garantir a plena integridade do corpo humano.

Que a carne do homem morto, sejam quais forem os elementos e os outros corpos nos quais se transforme, pela ressurreição é chamada de volta à alma que deixa.

23. 88. Porém, para Deus não se perde a matéria terrena da qual é criada a carne dos mortais; ao contrário, seja qual for o pó e a cinza em que se dissolva, a exalação ou o vento em que evapore, a substância de outros corpos ou até os elementos em que se transforme, o alimento de outros seres vivos, até humanos, nos quais se reduza, tornando-se sua carne, num único instante volta para aquela alma humana, da qual na origem teve a vida que faz nascer, viver e crescer o homem.

Os corpos dos justos ressurgirão para a substância da carne, mas sem qualquer vício.

23. 89. Por isso, a mesma matéria terrena, que se torna cadáver quando a alma se separa, na ressurreição não será reintegrada de maneira que tudo aquilo que se desagrega, assumindo aos poucos aspectos e formas sempre novas de outras realidades, embora retorne ao corpo do qual se desagregou, volte necessariamente para as mesmas partes do corpo nas quais estiveram. Porque, se voltar para os cabelos tudo aquilo que os cortes tão frequentes extraíram deles e voltar para as unhas tudo aquilo que tantas vezes delas foi cortado, aparece essa monstruosidade desmedida e inconveniente que se torna um obstáculo para os que refletem, impedindo-lhes de crer na ressurreição da carne. Porém, assim como uma estátua de metal, que se pode fundir, for liquefeita com o fogo, ou que for reduzida a pó, ou misturada em outra massa e um artista quisesse reconstruí-la com a mesma quantidade de matéria: nesse caso, para a sua integridade não interessa saber a que membro da estátua é restituída uma parcela de material, contanto, porém, que, na reconstrução, a estátua possa recuperar toda a matéria da qual era constituída; do mesmo modo, Deus, artista que age de modo admirável e inefável, reconstituirá com admirável e inefável rapidez a nossa carne com tudo aquilo de que era feita. E então, para a sua reintegração, não importa se os cabelos voltarão para os cabelos e as unhas para as unhas, ou se aquilo que deles se perdera será transformado em carne e levado para outras partes do corpo, já que pela providência cuidadosa do artista nada se fará que seja inconveniente.

Se as figuras dos corpos daqueles que ressurgem são iguais ou diferentes.

23. 90. Disso também não segue que a estatura de cada um dos ressuscitados seja diferente só porque a tinham diferente como vivos, ou que os magros voltarão à vida com sua magreza e os gordos com sua gordura. Mas se estiver no plano do Criador que as feições individuais conservem uma identidade e uma semelhança bem reconhecíveis, mas que a todos os órgãos corporais remanescentes seja restituída igual integridade, a constituição física de cada um será modificada de maneira que nada dela se perca e qualquer eventual deficiência seja preenchida por aquele que pôde criar do nada tudo o que quis. Mas se nos corpos daqueles que ressurgem aparecer uma desigualdade justificável, como acontece para as vozes que compõem o canto, isso se fará, para cada um, da constituição física de seu corpo, de maneira a restituir também o homem às assembleias dos anjos (cf. Mt 22,30), sem que nada de inconveniente se apresente a eles. Na verdade, nada existirá que seja indigno, porque aquilo que deve existir será digno e, se não for digno, não existirá.

Como ressurgirão os corpos dos santos.

23. 91. Portanto, os corpos dos santos ressurgirão sem qualquer defeito, sem qualquer deformidade, sem qualquer corrupção, peso ou dificuldade: neles a facilidade será tanta quanto a felicidade. Por isso, são também chamados espirituais, pois não há dúvida de que serão futuros corpos, não espíritos. Mas, como agora o corpo é chamado animal (cf. 1Cor 15,44-46), mesmo que seja um corpo e não uma alma, do mesmo modo, então, o corpo será espiritual, mesmo sendo corpo e não espírito. Por isso, no que se refere à corrupção, que agora torna pesada a alma (cf. Sb 9,15), e aos vícios que estimulam a carne a ter desejos contrários ao espírito (cf. Gl 5,17), então não haverá mais carne, mas corpo, porque se fala também de corpos celestes (cf. 1Cor 15,40). Por causa disso foi dito: *A carne e o sangue não herdarão o reino de Deus*, e como que para explicar o que disse, continua: *Nem a corrupção possuirá a incorruptibilidade* (1Cor 15,50). Aquilo que antes chamou *carne e sangue*, depois chamou *corrupção*, e aquilo que antes era *reino de Deus*, depois é *incorruptibilidade*. Mas, naquilo que diz respeito à substância, então, será carne também; por isso, depois da ressurreição fala-se de carne, para indicar o corpo de Cristo (cf. Lc 24,39). Mas, então, o Apóstolo diz: *É semeado um corpo animal, ressuscitará um corpo espiritual* (1Cor 15,44), porque, então, será tanta a harmonia entre a carne e o espírito e o espírito poderá vivificar a carne a si subjugada sem a necessidade de algum sustentáculo, de maneira que nada de nós se opõe a nós, mas como fora ninguém terá inimigos externos, da mesma forma também não os teremos internamente em nós mesmos.

Também como ressurgem aqueles que não estão separados da massa da perdição.

23. 92. Porém, todos aqueles que pertencem àquela massa da perdição, causada pelo primeiro homem, e não foram libertados pelo único Mediador entre Deus e os homens (cf. 1Tm 2,5), na verdade, também estes ressurgirão, cada um com sua carne, mas para serem punidos junto com o diabo e seus anjos (cf. Mt 25,41). Que necessidade há de afadigar-se em procurar se eles ressurgirão com os defeitos e as deformidades de seus corpos, e com os mesmos membros que estiveram na origem de seus defeitos e deformidades? Nem nos devem angustiar as incertas feições ou beleza deles, já que sua condenação é certa e eterna. Nem nos inquiete como seu corpo será incorruptível, se puder sofrer, ou como será corruptível, se não puder morrer. Pois não existe verdadeira vida senão onde se vive felizmente, nem a verdadeira incorruptibilidade senão onde o bem-estar não é corrompido por alguma dor. Porém, onde o infeliz não é deixado morrer, por assim dizer, a própria morte não morre; e onde a dor perpétua não mata, mas atormenta, a própria corrupção não tem fim. Nas santas Escrituras, esta é chamada de *segunda morte* (cf. Ap 2.11;20,6.14).

Que nem a primeira nem a segunda morte do homem mataria se ninguém pecasse e que, embora os ímpios sejam crucificados de maneira diferente, será levíssima a pena dos pequenos.

23. 93. Todavia, se ninguém tivesse pecado, ao homem não teria acontecido nem a primeira morte, que obriga a alma a abandonar seu próprio corpo, nem a segunda, que não permite abandonar o corpo que merece sua pena. Certamente, será levíssima a pena daqueles que não acrescentaram nada ao pecado original que contraíram, enquanto para todos os outros que acrescentaram alguma coisa, lá haverá uma condenação tanto mais suportável quanto menor tiver sido aqui a iniquidade.

Que aqueles que permanecem na impiedade terão uma condenação eterna, então, os santos saberão o bem que a graça lhes trouxe.

24. 94. Portanto, enquanto os anjos e os homens réprobos permanecem na pena eterna, então os santos saberão o bem que a graça lhes trouxe. Assim, pelas próprias coisas aparecerá com maior evidência o que está escrito no Salmo: *Senhor, eu te cantarei a misericórdia e a justiça* (Sl 100,1), porque ninguém é libertado senão por uma indevida misericórdia e ninguém é condenado senão por devida justiça.

Que tudo o que agora nos está escondido, então não estará oculto.

24. 95. Então, não estará oculto, aquilo que agora está escondido, quando de dois pequenos, um deveria ser escolhido pela misericórdia, o outro, abandonado pelo juízo (cf. Rm 9,10s.), e nisto, aquele que foi escolhido poderá reconhecer aquilo que lhe seria devido pelo juízo, se não interviesse a misericórdia, e por que foi escolhido um e não o outro, embora fosse uma única a condição para ambos; e por que a alguns não tenham sido realizados aqueles prodígios que, se estivessem presentes, tê-los-ia postos em condição de fazer penitência, enquanto se realizaram entre aqueles que não teriam acreditado. Pois, clarissimamente, diz o Senhor: *Ai de ti, Corozaim! Ai de ti, Betsaida! Porque, se em Tiro e em Sidônia tivessem sido feitos os milagres que se realizaram entre vós, há muito tempo teriam feito penitência em cilício e em cinza* (Mt 11,21). E, certamente, Deus não foi injusto não querendo que fossem salvos, já que poderiam ser salvos, se quisessem. Agora, na claríssima luz da sabedoria, ver-se-á aquilo que agora é guardado pela fé dos justos, antes de ser visto por um conhecimento explícito, quanto é certa, imutável e absolutamente eficaz a vontade de Deus: quantas coisas pode, e não quer, porém, nada quer que não possa; e quanto é verdade aquilo que se canta no Salmo: *O nosso Deus está no céu; tudo quando quis, Ele o fez* (Sl 113,3). Isso não seria certamente verdade se Ele tivesse querido alguma coisa sem realizá-la e, o que é ainda mais inaceitável, sem realizá-la porque a vontade humana teria impedido a realização daquilo que queria o Onipotente. Portanto, nada acontece que o Onipotente não queira, quer permitindo que aconteça, quer realizando-o Ele próprio.

Que creiamos pela correta profissão de fé que Deus pode fazer o bem, mesmo quando permite que se faça o mal.

24. 96. E não se deve duvidar de que Deus faz o bem, mesmo permitindo que aconteça aquilo que de mal acontece. E isso Ele só o permite por um justo juízo e, certamente, é bom tudo o que é justo. Portanto, embora as coisas que são más, enquanto são más não sejam boas, todavia, é um bem que existam não só coisas boas, mas também coisas más. Com efeito, se também a existência de coisas más não fosse um bem, a bondade do Onipotente não permitiria que existissem; afinal, não há dúvida alguma de que, como é fácil para Ele realizar aquilo que quer, é igualmente fácil não permitir o que não quer. Se não acreditarmos nisso, fica comprometido até o início de nossa profissão de fé, na qual professamos crer em Deus Pai onipotente. E não há outra razão pela qual é verdadeiramente chamado onipotente, senão porque Ele pode tudo aquilo que quer e não há vontade de qualquer criatura que impeça a realização da vontade onipotente.

Discussão daquilo que o Apóstolo diz de Deus: que Ele quer que todos os homens se salvem.

24. 97. Por isso, deve-se considerar como se disse que Deus *quer que todos os homens se salvem* (1Tm 2,4) – porque também isto foi verdadeiramente dito pelo Apóstolo. Contudo, já que nem todos, mas muitos são os que não se salvam, parece mesmo que não acontece o que Deus quer que aconteça, isto é, que a vontade humana impede a vontade de Deus. Porém, quando se pergunta por que nem todos se salvam, costuma-se responder porque não querem. Mas isso não se pode dizer dos pequenos, que ainda não podem querer ou não querer. Ora, se devêssemos atribuir à sua vontade tudo aquilo que fazem por impulso infantil, deveríamos dizer que no ato do seu batismo salvam-se também contra a própria vontade, visto que resistem quanto podem. Mas, no Evangelho, com mais evidência o Senhor repreende a cidade ímpia, dizendo: *Quantas vezes eu quis juntar teus filhos como a galinha recolhe seus pintinhos, e tu não quiseste* (Mt 23,37)? Como se a vontade de Deus fosse superada pela vontade dos homens e aquele que é o poder absoluto não tenha podido realizar o que queria porque lhe foi impedido pela vontade dos mais fracos. E então, onde está aquela onipotência que fez tudo o que quis no céu e na terra, se quis recolher os filhos de Jerusalém e não o fez? Ou será que Jerusalém não quis que seus filhos fossem recolhidos pelo Senhor? Todavia, mesmo que ela não quisesse, Ele recolheu todos os seus filhos que quis; pois no céu e na terra não fez algumas coisas que não quis, ou quis algumas coisas e não as fez, mas fez tudo o que quis.

Segundo o Apóstolo, a recomendação da graça pela qual Jacó foi separado de Esaú.

25. 98. Na verdade, quem é tão impiedosamente tolo de dizer que Deus não pode converter as más vontades dos homens para o bem, escolhendo aquelas que quiser, quando quiser e onde quiser? Mas quando o fizer, fá-lo-á por misericórdia; quando não o fizer, não o faz por juízo, porque: *Ele tem misericórdia de quem quiser e endurece a quem quiser* (Rm 9,18). Ao dizer isso, o Apóstolo recomendava a graça; para essa recomendação ele já havia falado dosdois gêmeos que Rebeca trazia no seio, quando ambos ainda não haviam nascido, ou sem que nenhum dos dois tivesse feito nada de bom ou de mau: *Para que permanecesse firme o decreto de Deus segundo a escolha, não em vista das obras, mas por causa daquele que chama, foi dito a ela: O mais velho servirá ao mais novo* (Rm 9,11-12. Cf. Gn 25,23). Por isso, acrescentou outro testemunho profético, onde está escrito: *Eu amei Jacó, aborreci Esaú* (Ml 1,2-3). Todavia, percebendo que aquilo que foi dito poderia perturbar aqueles os quais não conseguem penetrar com a inteligência esta profundidade da graça, acrescentou: *Que diremos, pois? Será que em Deus há injustiça? De modo algum!* (Rm 9,14). De fato, parece injusto que Deus, sem os méritos das boas ou das más obras, possa amar a um e odiar o outro. Nesse caso, se o Apóstolo quisesse que se entendessem as obras futuras, boas para um e más para outro, que, por certo, Deus já conhecida antecipadamente, jamais teria dito: *não em vista das obras*, antes teria dito: *Em vista das obras futuras*, resolvendo desse modo essa questão, ou antes, não pondo nenhuma questão a ser resolvida. Aqui, porém, tendo respondido: *De modo algum*, isto é, certamente, não há injustiça em Deus, logo depois, para provar que não houve nenhuma injustiça de Deus, diz: *Porque ele disse a Moisés: Eu terei misericórdia com quem me aprouver ter misericórdia e terei piedade de quem me aprouver ter piedade* (Rm 9,15; cf. Ex 33,19). Afinal, quem, senão um insensato, poderia pensar que Deus é injusto, quer quando emite um juízo de castigo merecido, quer quando concede uma misericórdia não merecida? Por fim, conclui e diz: *Logo, não depende do que quer, nem do que corre, mas de Deus, que usa de misericórdia* (Rm 9,16). Portanto, ambos os gêmeos, por natureza, nasceram como filhos da ira (cf. Ef 2,3); na verdade, não em vista das obras próprias, mas originariamente ligados pelo vínculo da condenação desde Adão; mas aquele que disse: *Farei misericórdia a quem eu tiver feito misericórdia* amou Jacó por misericórdia gratuita e odiou Esaú por juízo devido. E, embora isso fosse devido a ambos, um reconheceu no outro que, se para uma mesma condição não correspondia o mesmo castigo, ele não devia gloriar-se pelos méritos pessoais diferentes, mas pela generosidade da graça divina, porque não é fruto da vontade, nem do esforço do homem, mas da misericórdia de Deus. De fato, neste profundíssimo e salvífico mistério intui-se toda a figura e, por assim dizer, a face das santas Escrituras a admoestar aos que sabem contemplá-las que *quem se gloria, glorie-se no Senhor* (1Cor 1,31).

A recomendação dos juízos de Deus, segundo o mesmo Apóstolo, no endurecimento do Faraó.

25. 99. Tendo, pois, recomendado a misericórdia de Deus naquilo que diz: *Logo, não depende do que quer, nem do que corre, mas da misericórdia de Deus* (Rm 9,16), logo depois, para recomendar também o juízo, porque onde não existe misericórdia, existe o juízo e não a injustiça, pois, na verdade, em Deus não existe injustiça, acrescentou logo aquilo que diz: *De fato, a Escritura diz ao Faraó: Para isto te suscitei: para mostrar em ti o meu poder, e a fim de que seja anunciado o meu nome por toda a terra* (Rm 9.17; cf. Ex 9,11). Dito isso, para concluir ambas as coisas, isto é, a misericórdia e o juízo, afirma: *Logo, Ele tem misericórdia de quem quer e endurece a quem quer* (Rm 9,18). Quer dizer, usa de misericórdia por grande bondade e endurece sem injustiça alguma, de modo que quem foi libertado não se glorie dos próprios méritos, nem quem foi condenado se lamente senão de seus méritos. Com efeito, somente a graça distingue os redimidos dos perdidos, que reuniu numa única massa de perdição pela comum condição trazida desde as origens. Todavia, quem ouve isso, de maneira a dizer: *De que se queixa? Quem* *pode resistir à sua vontade?* (Rm 9,19), como se o mau não fosse culpado pelo fato de Deus usar de misericórdia com quem quer e endurecer a quem quer, jamais deveríamos envergonhar-nos de responder como reconhecemos que respondeu o Apóstolo: *Ó homem, quem és tu, para replicares a Deus? Porventura não é o oleiro senhor do barro para poder fazer da mesma massa um vaso para uso honroso e outro para uso vil* (Rm 9,20-21)? Nesta passagem, alguns estultos creem que a resposta do Apóstolo tenha sido insuficiente e que refreou a audácia do oponente por falta de argumentos racionais. Mas, tem grande peso o que foi dito: *Ó homem, quem és tu?* Diante de tais questões, ele chama o homem a uma atenta consideração das próprias capacidades, certamente em poucas palavras, mas, na verdade, o argumento racional é grande. Realmente, se não compreende essas coisas, quem pode replicar a Deus? Porém, se as compreende, com maior razão não encontra o que replicar. De fato, se compreende, vê todo o gênero humano condenado na raiz de sua apostasia por um juízo divino de tal modo justo que ninguém teria o direito de censurar a justiça de Deus, mesmo que nenhum tivesse sido libertado; e aqueles que são libertados, convida-os a serem libertados de tal modo que mostrem aos muitos que não foram libertados e que foram submetidos a uma condenação absolutamente justa, aquilo que teria merecido toda a massa e onde o devido juízo de Deus teria conduzido também aqueles, se não interviesse sua misericórdia não devida. Assim, foi feito de maneira que *toda a boca seja fechada* (Rm 3,19) aos que quiserem gloriar-se de seus méritos e *quem se gloria, glorie-se no Senhor* (1Cor 1,31).

Admiração das obras de Deus, pela qual faz que das más vontades dos homens Ele realize a sua boa vontade.

26. 100. Estas são as grandes obras do Senhor, requintadas a todas as suas vontades (cf. Sl 110,2), e tão sabiamente requintadas que quando a criatura, angélica e humana, pecou, isto é, quando ela própria fez o que quis e não o que Deus quis, mesmo assim, pela própria vontade da criatura, pela qual se fez o que o Criador não quis, Ele cumpriu aquilo que quis, usando bem também os males, como se fossem sumamente bons, para a condenação daqueles que justamente predestinou à pena e para a salvação daqueles que amorosamente predestinou à graça. No que se refere às criaturas, elas agiram contra a vontade de Deus; mas no que se refere à onipotência de Deus, de modo algum conseguiram fazê-lo. Antes, precisamente porque agiram contra a sua vontade, neles se fez a vontade dele. De fato, *grandes são as obras do Senhor, conformes a todas as suas vontades*, de modo que o que acontece contra a sua vontade, de maneira inexplicável e inefável jamais abandona a sua vontade; afinal, isso não aconteceria se Ele não o permitisse e é evidente que Ele o permite voluntariamente, não involuntariamente, e Ele, em sua bondade, não permitiria que acontecesse o mal, se não fosse capaz, na sua onipotência, de tirar o bem também do mal.

As boas vontades dos homens que, em geral, não coincidem com a boa vontade de Deus e as más vontades que coincidem.

26. 101. Por vezes, porém, pela boa vontade, o homem quer algo que Deus não quer, também se a boa vontade de Deus é bem maior e mais certa, pois sua vontade jamais pode ser má; por exemplo, se um filho bom quer que o pai viva, enquanto Deus, na sua boa vontade, quer que ele morra. E pode acontecer o contrário, que o homem queira por sua má vontade o que Deus quer pela boa, como quando o mau filho quer que o pai morra e Deus também queira. Na verdade, o primeiro quer o que Deus não quer, o segundo, porém, quer o que Deus também quer; mas em sintonia com a boa vontade de Deus está a piedade do primeiro, embora queira uma coisa diferente, mais do que a impiedade do segundo, que quer a mesma coisa. Importa apenas qual é a vontade conveniente ao homem e qual a Deus, e que objetivo orienta a vontade de cada um, para receber a aprovação ou a desaprovação. Com efeito, Deus realiza algumas vontades suas, seguramente boas, por meio das más vontades de homens maus, assim como Cristo foi morto por nós por meio de Judeus malvados segundo a boa vontade do Pai, e foi um bem tão grande que o Apóstolo Pedro, que não queria que isso acontecesse, foi chamado de satanás por aquele que devia ser morto (cf. Mt 16,21-23). Quão boas pareciam as vontades dos fiéis devotos que não queriam que o Apóstolo Paulo se dirigisse a Jerusalém, para que lá não devesse sofrer os males que o Profeta Ágabo havia predito (cf. At 21,10-14). Todavia, Deus queria que, para anunciar a fé de Cristo, ele sofresse aquelas coisas, dando testemunho de Cristo. Portanto, Ele não realizou esta sua boa vontade mediante as boas vontades dos cristãos, mas mediante as más vontades dos Judeus e estavam do seu lado aqueles que não queriam o que ele queria, antes, tornaram possível, com sua vontade, aquilo que ele queria: o ato foi o mesmo, mas ele o cumpriu por meio deles com a boa vontade, os outros, porém, com a má vontade.

Que por mais fortes que sejam as vontades que convêm ou não convêm à vontade de Deus, a vontade de Deus é sempre invencível.

26. 102. Contudo, por mais fortes que sejam as vontades dos anjos ou dos homens, dos bons e dos maus, quer queiram aquilo que Deus quer, quer não queiram, a vontade do Onipotente é sempre invencível; ela nunca pode ser má, porque também quando inflige os males, é justo e, certamente, se é justa, não é má. Portanto, seja porque pela misericórdia mostra a misericórdia que quer, seja porque pelo juízo endurece a quem quer, o Deus onipotente não pratica injustiça alguma, não faz nada contra a própria vontade e realiza tudo o que quer.

Como entender que Deus quer salvar todos os homens.

27. 103. E por isso, quando ouvimos e lemos nas sagradas Letras que Ele quer que todos os homens sejam salvos, embora tenhamos certeza de que nem todos os homens se salvem, todavia, nem por isso devemos tirar nada da vontade de Deus onipotente, mas assim devemos entender o que está escrito: *Aquele que quer que todos os homens se salvem* (1Tm 2,4), como se dissesse que nenhum homem é salvo a não ser aquele que Ele próprio quiser; não que não exista nenhum homem senão aquele que Ele quer salvar, mas que nenhum se salve a não ser aquele que Ele quer; por isso, deve-se pedir que o queria, pois acontecerá somente o que Ele quiser. Na verdade, falando desse modo, o Apóstolo referia-se, precisamente, ao dever de pedir a Deus. De fato, assim entendemos também o que está escrito no Evangelho: *Ele ilumina todo o homem que vem a este mundo* (Jo 1,9): não porque não exista um homem que Ele não ilumine, mas porque nenhum é iluminado senão por Ele. Ou, certamente, assim foi dito: *Ele quer que todos os homens se salvem* não porque não existam homens dos quais não quer a salvação, Ele que não quer realizar milagres portentosos junto aos povos dos quais diz que já teriam feito penitência, se os tivesse realizado, mas para que com a expressão *todos os homens* entendamos todo o gênero humano, em todas as diferenças nas quais ele se articula: reis e particulares, nobres e populares, bem colocados e humildes, doutos e ignorantes, sadios e doentes, perspicazes e retardados, ricos, pobres e abastados, homens e mulheres, crianças, meninos, adolescentes, jovens, adultos e idosos, de todas as línguas, costumes, artes e profissões, constituídos na variedade incalculável de vontades e de consciências e se outras diferenças houver entre os homens. Entre estes, qual seria o motivo pelo qual Deus não quer que os homens de todas as nações sejam salvos por meio do seu Unigênito e Senhor nosso, e assim faça, precisamente, porque em sua onipotência não pode querer em vão tudo aquilo que quer? Pois o Apóstolo havia ensinado a rezar *por todos os homens*, e acrescentara especialmente *pelos reis e por todos aqueles que estão constituídos em dignidade* (1Tm 2,1-2) que, na sua mais alta soberba terrena, podiam ser considerados distantes da humildade da fé cristã. Por isso, depois de dizer: *Isto é bom e agradável diante de Deus nosso Salvador* (1Tm 2,3), isto é, que se reze também por estes, imediatamente, para eliminar o desespero, acrescentou: *O qual quer que todos os homens se salvem e cheguem ao conhecimento da verdade* (1Tm 2,4). Evidentemente, Deus julgou bom que os grandes fossem salvos pelas orações dos humildes, como vemos já realizado. Este modo de falar, o Senhor já o usou no Evangelho, em que diz aos fariseus: *Pagais o dízimo da hortelã, da arruda e de toda espécie de ervas* (Lc 11,42).

Afinal, os fariseus não pagavam o dízimo de qualquer produto estrangeiro e de todas as colheitas de todos os estrangeiros em todas as terras. Portanto, como aqui *toda a colheita* indica todo o tipo de colheita, assim lá, com a expressão *todos os homens* podemos entender todo o gênero humano. Podem também entender de qualquer outro modo, contanto que não sejam obrigados a crer que Deus onipotente tenha querido realizar alguma coisa sem conseguir. E se, de fato, não há dúvida alguma que Ele, no céu e na terra como proclama a verdade, realiza tudo aquilo que quer (cf. Sl 113,11), certamente, não quis fazer tudo aquilo que não fez.

Que pela presciência, Deus destinou o primeiro homem que havia de pecar a fazer o bem de seu mal.

28. 104. Por isso, Deus teria querido conservar também o primeiro homem na condição de integridade em que fora criado, conduzindo-o, no momento oportuno, depois de haver gerado filhos e sem a interposição da morte, a um estado melhor, onde não só não cometeria pecado, mas também não teria a vontade de pecar, se na sua presciência tivesse sabido que o homem teria querido permanecer para sempre sem pecado, assim como fora criado. Porém, porque Deus já sabia que o homem usaria mal o livre-arbítrio, isto é, que iria pecar, por isso, antes, preparou sua vontade para tirar o bem daquele que ia fazer o mal, de modo a não esvaziar a má vontade do homem, mas absolutamente completar a boa vontade do Onipotente.

Que homem primeiro foi preciso criar ou qual depois terá sido.

28. 105. Assim, pois, era preciso primeiro criar o homem, para que pudesse querer tanto o bem quanto o mal, para não ficar sem recompensa se agisse bem, nem impune se agisse mal. Depois, porém, estará na condição de não poder querer o mal, sem que por isso fosse privado do livre-arbítrio. Na realidade, tal arbítrio será muito mais livre se, absolutamente, não puder servir ao pecado. Pois a vontade não deve ser condenada, ou dir-se-á que a vontade não existe ou que não é livre quando por ela queremos ser felizes, para não só não sermos infelizes, mas simplesmente não tenhamos a possibilidade de querer ser infelizes. Portanto, já que agora a nossa alma está em condições de não querer a infelicidade, assim estará sempre em condição de não querer a injustiça. Mas não se deveria suspender a ordem pela qual Deus quis mostrar quanto é bom um animal racional que também pode não pecar, embora seja melhor que não possa pecar; assim como a imortalidade foi menor, mas, foi naquela em que não pudesse também não morrer, embora seja maior a futura na qual não pode morrer.

A imortalidade que o homem perdeu pelo livre-arbítrio e a que há de reconquistar pela graça.

28. 106. A natureza humana perdeu a imortalidade pelo livre-arbítrio e a reconquistará pela graça e, se não pecasse, reconquistá-la-ia pelo mérito. Embora sem a graça não possa existir mérito algum, porque, mesmo que o pecado se fundamente no livre-arbítrio, todavia, este não bastaria para perseverar na justiça se, pela participação no bem imutável, não viesse a oferta da ajuda divina. Como o homem tem o poder de morrer quando quer (afinal, cada um de nós pode matar-se, se não de outra forma, ao menos deixando de se alimentar), ainda que a vontade não baste para prolongar a vida se faltarem as ajudas constituídas pelos alimentos ou por qualquer outra forma de sustento, assim, no paraíso, o homem era capaz, por meio da vontade, de causar-se a morte abandonando a justiça, mesmo que, para manter uma vida de justiça sem a ajuda do Criador, o querer não bastasse. Depois da queda, porém, a misericórdia de Deus é maior, já que é o próprio livre-arbítrio que deve ser libertado da escravidão, submetido que está ao pecado e à morte. Mas não é, absolutamente, libertado por si mesmo, mas unicamente pela graça de Deus, que é posta na fé em Cristo; de modo que a própria vontade, como está escrito, é preparada pelo Senhor (cf. Pr 8,35 – segundo a LXX), para acolher os outros dons de Deus, por meio dos quais chegar ao dom eterno.

Que a graça de Deus é a vida eterna e, segundo o Apóstolo, a morte é o estipêndio do pecado, e que o primeiro homem, em vez da vontade de Deus fazendo a sua, por ele próprio foi feita a vontade de Deus.

28. 107. Por isso, o Apóstolo define a graça de Deus como a própria vida eterna que, certamente, é a recompensa pelas obras boas. Diz ele: *O estipêndio do pecado é a morte, mas a graça de Deus é a vida eterna em nosso Senhor Jesus Cristo* (Rm 6,23). Ora, o estipêndio é um débito retribuído por um serviço militar, não é doado; por isso, disse: *O estipêndio do pecado é a morte*, para mostrar que a morte é uma consequência não imerecida, mas devida. A graça, porém, se não for gratuita, não é graça (cf. Rm 11,6). Portanto, deve-se entender que os próprios bens merecidos pelo homem são dom de Deus; quando por eles se dá a vida eterna, o que se dá senão graça sobre graça (cf. Jo 1,16)? Portanto, o homem foi criado reto (cf. Ecl 7,3), para que pudesse permanecer naquela retidão não sem o auxílio divino e para se tornar perverso por seu próprio arbítrio. Qualquer um dos caminhos que escolhesse, a vontade de Deus teria sido cumprida, ou também pelo homem ou, seguramente, sobre ele. Por isso, visto que ele preferiu cumprir a própria vontade em vez da vontade de Deus, cumpriu-se sobre ele a vontade de Deus que, daquela mesma massa da perdição nascida daquela descendência, faz um vaso para uso nobre e outro para uso vulgar (cf. Rm 9,20-21): o primeiro por misericórdia,

o segundo para o juízo, para que ninguém se glorie do homem e, por isso, nem de si mesmo.

Por qual Mediador era conveniente que o gênero humano fosse reconciliado com Deus.

28. 108. Pois não seríamos libertados nem pelo próprio homem Jesus Cristo, único Mediador entre Deus e os homens (cf. 1Tm 2,5), se Ele não fosse também Deus. Ora, quando foi criado Adão, isto é, o homem reto, não havia necessidade de um mediador. Porém, quando os pecados separaram muito o gênero humano de Deus, era necessário que nos reconciliássemos com Deus até a ressurreição da carne na vida eterna por meio de um Mediador, o único a nascer, viver e ser morto sem pecado; assim a soberba do homem teria sido desmascarada e sanada graças à humildade de Deus, e o homem teria podido mostrar quanto se afastara de Deus, já que era chamado de volta pelo Deus encarnado. Então, graças ao homem Deus, teria sido oferecido ao homem contumaz um exemplo de obediência e, assumindo o Unigênito a condição absolutamente imerecida de servo, ter-se-ia aberta a fonte da graça. Portanto, na pessoa do Redentor teria estado prefigurada também a ressurreição da carne, prometida aos redimidos, e o diabo teria sido derrotado graças àquela mesma natureza que se comprazia em ter enganado, mesmo sem que o homem pudesse vangloriar-se, para não fazer ressurgir a soberba. Isso não impede que aqueles que buscam aprofundar este grande mistério do Mediador possam ver e expressar qualquer outra coisa, ou, ao menos, vê-la, se não for possível expressá-la.

Como se encontram as almas dos falecidos antes da última ressurreição.

29. 109. Mas no tempo que está posto entre a morte do homem e a ressurreição final, as almas são retidas em moradas misteriosas, conforme cada um tenha merecido tranquilidade ou aflição, de acordo com aquilo que escolheram enquanto viviam na carne.

Os sacrifícios e as esmolas que são oferecidas por todos os falecidos batizados.

29. 110. Também não se deve negar que as almas dos falecidos recebem auxílio pela piedade dos seus parentes vivos quando lhes é oferecido o sacrifício do Mediador ou se fazem esmolas na Igreja. Mas tudo isso é útil àqueles que, enquanto viviam, mereceram que isso lhes pudesse ser útil mais tarde. De fato, existe um certo modo de viver, não tão bom, que não exija estes sufrágios depois da morte, nem tão mau, que não tire proveito depois da morte; mas há um modo de vida no bem que não exige esses sufrágios e existe outro, no mal, que não consegue ser ajudado quando tiver passado desta vida. Por isso, é nesta vida que se adquire todo o mérito pelo qual, depois desta vida, se possa conseguir algum alívio ou opressão. Porém, ninguém espere que, quando morrer, mereça junto a Deus aquilo que nesta vida negligenciou. Portanto, todas as práticas que habitualmente a Igreja recomenda a favor dos falecidos, não são contrárias àquela sentença apostólica, que diz: *Todos nós compareceremos diante do tribunal de Cristo, para que cada um receba o que é devido ao corpo, conforme tenha feito o bem ou o mal* (2Cor 5,10; cf. Rm 14,10), porque também esse mérito cada um o adquire enquanto vive no corpo, para que esses sufrágios lhe possam ser úteis. Mas, não são úteis a todos. E por que não são úteis a todos senão porque cada um levou uma vida diferente enquanto estava no corpo? Portanto, já que por todos os falecidos são oferecidos tanto os sacrifícios do altar quanto as outras esmolas, estes são de ação de graças para os muito bons, são de intercessão para os que não são muito bons; para os muito maus, não podendo de algum modo ajudar os mortos, procuram ao menos consolar os vivos. Mas, para os que são úteis, ou são úteis para que seja completa a remissão ou, certamente, para que a própria condenação seja mais tolerável.

Que fins hão de ter as duas cidades dos bons e dos maus após a ressurreição.

29. 111. Após a ressurreição, porém, uma vez realizado o universal e completo juízo, existirão duas cidades, uma de Cristo, outra do diabo, a dos bons e a dos maus, cada uma, porém, composta de anjos e de homens. Aqueles da primeira cidade não poderão ter nenhuma vontade de pecar, os da segunda, não poderão ter nenhuma possibilidade, sem ser a condição de morrer; os primeiros, vivendo verdadeira e felizmente na vida eterna, os segundos, infelizmente, sem poder morrer, perseverando na morte eterna; uns e outros, sem fim. Todavia, os primeiros, na felicidade, permanecerão num estado mais ou menos eminente, enquanto os outros, na infelicidade, num estado mais ou menos tolerável.

Daqueles que, movidos pela humana misericórdia, não acreditam que as penas dos ímpios sejam eternas.

29. 112. Por isso, em vão, alguns – na verdade, muitíssimos – levados por seu sentimento humano a ter misericórdia por aqueles que são condenados a uma pena eterna e a suplícios perpétuos sem intermissão, e não acreditam que acontecerá assim, evidentemente, sem se oporem às divinas Escrituras, mas atenuando por impulso próprio alguns pontos duros, inclinam-se a uma interpretação mais suave das afirmações que eles julgam terem sido pronunciadas de modo mais aterrorizador do que real. Com efeito, dizem: *Esquecer-se-á Deus de usar de compaixão? Ou, na sua ira, deterá as suas misericórdias* (cf. Sl 76,10)? Na verdade, lê-se isso num Salmo santo; mas, sem escrúpulo algum, é entendido como referente àqueles que são chamados de vasos de misericórdia (cf. Rm 9,23), porque também estes são libertados da miséria, não pelos próprios méritos, mas

pela misericórdia de Deus. Ou, se julgam que isso se refira a todos, nem por isso se deve, necessariamente, supor que tenha fim a condenação daqueles sobre os quais foi dito: *E estes irão para o suplício eterno*, para que depois, do mesmo modo, não se pense que um dia terá fim também a felicidade daqueles sobre os quais foi dito: *Os justos, para a vida eterna* (Mt 25,46). Mas pensem, se isso lhes agrada, que as penas dos condenados são de algum modo atenuadas segundo determinados intervalos de tempo. Também assim, na verdade, pode-se compreender que permanece sobre eles a ira de Deus (cf. Jo 3,36), isto é, a própria condenação (afinal, fala-se da ira de Deus, não de perturbação do espírito divino), para que na sua ira, isto é, permanecendo na sua ira, não detenha, porém, as suas misericórdias, não dando fim ao suplício eterno, mas acrescentando ou interpondo um abrandamento nos sofrimentos, porque o Salmo não diz: "Para pôr fim à sua ira", ou: "Depois de sua ira", mas: *na sua ira*. E ainda que esta fosse só a mínima que se possa pensar, perder o reino de Deus, ser exilado da cidade de Deus, ser afastado da vida de Deus, ser privado de tão grande quantidade de doçura que Deus esconde para os que o temem, mas que concedeu plenamente aos que nele esperam (cf. Sl 30,20), é um castigo tão grande que não podem existir tormentos por nós conhecidos que sejam comparados a ele, se aquela pena é eterna, enquanto aqui os tormentos duram, no máximo, por muitos séculos.

Que a pena dos condenados é eterna, embora diferente pela qualidade dos fatos, assim como será eterna a felicidade dos justos, mesmo que os méritos sejam diferentes entre si.

29. 113. Portanto, permanecerá sem fim aquela perpétua morte dos condenados, isto é, o afastamento de vida de Deus, e será comum para todos, sejam quais forem as conjeturas dos homens sobre a diversidade das penas, sobre o abrandamento ou a interrupção dos sofrimentos, em relação às próprias emoções humanas; da mesma forma, perdurará a vida eterna comum a todos os santos, seja qual for o grau de glória que harmoniosamente refulge neles.

Que tipo de esperança dos fiéis nasce pela profissão de fé e se alguém não tiver a esperança em si mesmo.

30. 114. Desta profissão de fé, que brevemente está contida no Símbolo e que entendida materialmente é o leite dos pequenos (cf. 1Cor 3,1-2), mas que se considerada e tratada espiritualmente é o alimento dos fortes, nasce a boa esperança dos fiéis, acompanhada da santa caridade. Mas, de todas as coisas que fielmente devem se acreditadas, refere-se à esperança somente aquilo que está contido na oração do Senhor. De fato, como atesta a palavra divina, *maldito seja todo aquele que põe sua esperança no homem* (Jr 17,5); e, por isso, liga-se a essa maldição também aquele que põe a esperança em si mesmo. Então, devemos pedir a Deus somente o bem que esperamos fazer, ou aquele que esperamos conseguir pelas boas obras.

Como a oração do Senhor contém sete pedidos, segundo o Evangelista Mateus.

30. 115. Assim, segundo o Evangelista Mateus, a oração do Senhor parece conter sete pedidos (cf. Mt 6,9-13), em três dos quais se pedem bens eternos, nos outros quatro, bens temporais que, todavia, são necessários para se conseguir os bens eternos. Pois, quando dizemos: *Santificado seja o vosso nome, venha a nós o vosso reino, seja feita a vossa vontade assim na terra como no céu* (Mt 6,9-10) – que alguns, não de modo absurdo, entenderam "no corpo e no espírito" – trata-se de bens que devem ser mantidos absolutamente para sempre: tendo iniciado nesta terra, crescerão em nós na proporção de nosso progresso; tendo alcançado a perfeição, que deve ser esperada na outra vida, serão possuídos para sempre. Portanto, quando pedimos: *O pão nosso de cada dia nos dai hoje, perdoai-nos as nossas ofensas assim como nós perdoamos aos que nos ofenderam, e não nos deixeis cair em tentação, mas livrai-nos do mal* (Mt 6,11-13), quem não vê que isso se refere às necessidades da vida presente? Por isso, naquela vida eterna, na qual esperamos estar para sempre, tanto a santificação do seu nome quanto o seu reino e a sua vontade perdurarão no nosso espírito e no nosso corpo perfeita e perpetuamente. O pão cotidiano, porém, é chamado assim porque nesta vida é necessário na medida em que deve ser dispensado à alma e ao corpo, entendendo-o tanto em sentido espiritual quanto em sentido material, ou em ambos os sentidos. Aqui, onde cometemos os pecados, está também o pedido de remissão; aqui se encontram as tentações que nos atraem ou nos impelem a pecar; enfim, aqui está aquele mal do qual queremos ser libertados; lá, porém, nada disso existe.

Os cinco pedidos, segundo o Evangelista Lucas, que não discordam de Mateus.

30. 116. O Evangelista Lucas, porém, na oração do Senhor, não incluiu sete pedidos, mas cinco (cf. Lc 11,2-4), certamente, porém, sem se distanciar do outro, mas, por sua brevidade mostrou como devem ser entendidas todos os sete. O nome de Deus é, certamente, santificado no espírito, enquanto o seu reino há de chegar com a ressurreição da carne. Portanto, mostrando que o terceiro pedido é, em certo sentido, uma repetição dos dois precedentes, Lucas tornou-o mais compreensível, omitindo-o. Depois, acrescenta os outros três, que se referem ao pão cotidiano, à remissão dos pecados e à tentação que deve ser evitada. Mas, quanto à afirmação que Mateus põe no fim: *Mas, libertai-nos do mal* (Mt 6,13), Lucas não a colocou, para fazer-nos compreender que se refere às palavras precedentes sobre a tentação. Por isso, disse: *Mas livrai-nos,* em vez de "e livrai-nos", como que para demonstrar que se trata de um único pedido: "não peço isto, mas isto", para que cada um saiba que é libertado do mal enquanto não é induzido em tentação.

A excelência da caridade, sem a qual, quem corretamente acredita e espera não pode chegar à felicidade.

31. 117. Agora, enfim, vem a caridade, que o Apóstolo diz ser maior que estas duas, isto é, a fé e a esperança (cf. 1Cor 13,13); quanto maior ela for em alguém tanto maior é este no qual ela está. Pois, quando se pergunta se alguém é um homem bom, não se pergunta em que ele crê ou o que espera, mas o que ama. De fato, quem ama corretamente, sem dúvida crê e espera corretamente; mas, quem não ama, crê em vão, mesmo que seja verdadeiro aquilo em que crê, e espera em vão, ainda que se ensine que pertencem à verdadeira felicidade as coisas que se esperam, a não ser que também creia e espere que, àquele que pede, possa ser concedido que ame. Todavia, embora não se possa esperar sem amar, pode acontecer que não se ame aquilo sem o qual é impossível chegar ao que se espera. É assim quando se espera na vida eterna (e quem não a ama?) e não se ama a justiça, sem a qual ninguém chega à vida eterna. Mas é, precisamente, a fé em Cristo, recomendada pelo Apóstolo, que opera pela caridade (cf. Gl 5,6) e aquele que ainda não possui o amor, pede para recebê-lo, busca-o para encontrá-lo, bate para que a ele se abra (cf. Mt 7,7). De fato, a fé consegue aquilo que a lei manda. Pois, sem o dom de Deus, isto é, sem o Espírito Santo, por meio do qual a caridade se difunde em nossos corações (cf. Rm 5,5), a lei poderá mandar, mas não ajuda e ainda torna prevaricador aquele que não poderá justificar sua ignorância.

Afinal, reina a paixão da carne onde não existe a caridade de Deus.

As quatro diferenças do homem que Deus, por sua graça, dignou-se chamar das trevas da ignorância para si, pelas quais também é chamado de povo ordenado de Deus.

31. 118. Porém, quando se vive segundo a carne, nas mais profundas trevas da ignorância, sem alguma resistência da razão, vive-se no estado primitivo do homem. Depois, quando pela lei for adquirido o conhecimento do pecado (cf. Rm 7,7), ainda sem a ajuda do Espírito divino, querendo viver segundo a lei, é vencido e peca conscientemente, sujeitando-se à escravidão do pecado – com efeito, ser vencido por alguém significa ser seu escravo (cf. 2Pd 2,19); o conhecimento do mandamento faz com que o pecado produza no homem toda a concupiscência e se cumpra, pela prevaricação que ali vem se somar, aquilo que está escrito: *E sobreveio a lei para que abundasse o pecado* (Rm 5,20). Este é o segundo estado do homem. Porém, se Deus se voltar para o homem, para que creia que é Ele próprio que ajuda a cumprir os seus mandamentos, e o homem começa a agir graças ao espírito de Deus, então, ele tem desejos contrários à carne, pela força superior da caridade (cf. Gl 5,17). E assim, embora ainda exista algo no homem que se opõe ao homem, pois ainda não foi sanada toda a sua enfermidade, o justo, contudo, pode viver da fé (cf. Rm 1,17;

Gl 3,11; Hb 10,38) e viver justamente enquanto não ceder à má concupiscência, prevalecendo o gosto pela justiça. Este é o terceiro estado: a boa esperança do homem; e para quem consegue avançar nela com religiosa perseverança, no fim, encontrará a paz que, depois desta vida, completar-se-á no descanso do espírito e, portanto, também na ressurreição da carne. Desses quatro estados diferentes, o primeiro é anterior à Lei, o segundo está sob a Lei, o terceiro, sob a graça, o quarto, na paz plena e completa. Assim também o povo de Deus foi ordenado segundo esses intervalos de tempo, como foi do agrado de Deus, que tudo dispõe com medida, número e peso (cf. Sb 11,21). Ele viveu por primeiro antes da Lei; num segundo tempo sob a Lei, dada por meio de Moisés; depois, sob a graça, dada por meio da primeira vinda do Mediador (cf. Jo 1,17). Esta graça, certamente, não faltou antes da vinda dele àqueles aos quais devia ser concedida, ainda que de forma velada e escondida segundo a economia temporal. De fato, nenhum justo entre os homens antigos teria podido encontrar a salvação fora da fé em Cristo, ou, ao menos, não teriam chegado até nós profecias mais ou menos explícitas por meio do seu ministério, se Cristo tivesse permanecido desconhecido também por eles.

A graça da regeneração.
31. 119. Em qualquer um dos quatro estados, ou idades, em que a graça da regeneração

tenha podido encontrar cada homem, ali lhe são perdoados todos os pecados passados, e aquela culpa contraída ao nascer é dissolvida com o renascimento. É tão verdadeiro que *o Espírito sopra onde quer* (Jo 3,8), que alguns não conheceram aquela segunda condição de escravidão sob a Lei, mas começaram a ter a ajuda divina junto com seu mandamento.

Nem o reino da morte reterá aquele pelo qual Cristo morreu.

31. 120. Porém, antes que o homem possa acolher o mandamento é necessário que viva segundo a carne. Mas, se já for revestido do sacramento da regeneração, nada o prejudicará se então tiver migrado desta vida: porque para isso Cristo morreu e ressuscitou, para ser o Senhor dos vivos e dos mortos (cf. Rm 14,9) e o reino da morte não reterá aquele pelo qual morreu quem é livre entre os mortos.

Todos os preceitos divinos referem-se à caridade.

32. 121. Enfim, todos os preceitos divinos referem-se à caridade, da qual o Apóstolo diz: *Ora, o fim do preceito é a caridade, nascido de um coração puro, de uma boa consciência e de uma fé não fingida* (1Tm 1,5). Portanto, o fim de todo o preceito é a caridade, isto é, à caridade refere-se todo o preceito. Porém, aquilo que se realiza, quer por temor da pena, quer por qualquer intenção carnal, sem referir-se à caridade difundida pelo Espírito Santo em nossos corações (cf. Rm 5,5), apesar das aparências, ainda não se realiza como seria oportuno. Sem dúvida, esta caridade refere-se a Deus e ao próximo e, certamente, desses dois mandamentos depende toda a Lei e os Profetas (cf. Mt 22,40); acrescente o Evangelho, acrescente os Apóstolos: pois não vem de outra parte a palavra que diz: *O fim do preceito é a caridade* e, *Deus é caridade* (1Jo 4,8). Portanto, todas as coisas que Deus ordena, das quais uma é: *Não cometerás adultério* (Mt 5,27; Rm 13,9) e também as coisas que não ordena, mas que são objeto de uma recomendação espiritual, por exemplo: *É bom para o homem não tocar mulher* (1Cor 7,1), são realizadas corretamente quando se referem ao amor de Deus e ao amor do próximo por causa de Deus, tanto no século presente quanto no futuro; agora, ao amor de Deus pela fé, então, pela visão e ao próprio amor do próximo pela fé. Nós, porém, enquanto mortais, não conhecemos os corações dos mortais. Então, porém, o Senhor iluminará os segredos das trevas e manifestará as intenções dos corações, e cada um receberá de Deus o seu louvor (cf. 1Cor 4,5), porque o próximo louvará e amará no próximo aquilo que o próprio Deus há de iluminar para que não fique escondido. Mas a paixão diminui com o crescimento da caridade enquanto esta não alcançar tal magnitude que não possa existir algo maior: afinal, *não há maior amor do que dar a própria vida por seus amigos* (Jo 15,13). Pois, quem poderá descrever a grandeza da caridade quando já não houver paixão alguma a superar, a não ser reprimindo-a? Porque a integridade será absoluta quando já não houver a contenção da morte.

O fim do livro.

33. 122. Mas está em tempo de terminar este escrito, que tu mesmo verás se deve ser chamado de *Enquirídio*. De minha parte, todavia, julgando que não deve ser subavaliada a tua busca de Cristo, repondo a fé e a esperança no bem que, com a ajuda de nosso Redentor, pode vir a ti, que estás entre seus membros, escrevi para ti, como consegui, este livro sobre a fé, a esperança e a caridade, e oxalá seja tão útil quanto é prolixo.

Veja outros livros do selo *Vozes de Bolso* pelo site

livrariavozes.com.br/colecoes/vozes-de-bolso

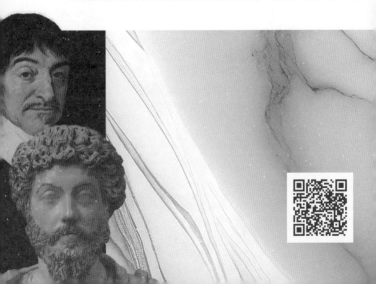

Conecte-se conosco:

- **f** facebook.com/editoravozes
- **◉** @editoravozes
- **𝕏** @editora_vozes
- **▶** youtube.com/editoravozes
- **◎** +55 24 2233-9033

www.vozes.com.br

Conheça nossas lojas:

www.livrariavozes.com.br

Belo Horizonte – Brasília – Campinas – Cuiabá – Curitiba
Fortaleza – Juiz de Fora – Petrópolis – Recife – São Paulo

EDITORA VOZES LTDA.
Rua Frei Luís, 100 – Centro – Cep 25689-900 – Petrópolis, RJ
Tel.: (24) 2233-9000 – E-mail: vendas@vozes.com.br